김이령의 더 셀렉션
THE SELECTION

김이령의 더 셀렉션 THE SELECTION

초판 1쇄 인쇄 | 2021년 7월 9일
초판 1쇄 발행 | 2021년 7월 21일

지은이 김이령
발행인 이승용

편집주간 이상지 | **편집** 김태희 이수경
마케팅 이정준 정연우
북디자인 이영은 | **홍보영업** 백광석
제작 및 기획 백작가
검수 나단

브랜드 치읓
문의전화 02-518-7191 | **팩스** 02-6008-7197
홈페이지 www.shareyourstory.co.kr
이메일 publishing@lovemylif2.com

발행처 (주)책인사
출판신고 2017년 10월 31일(제 000312호)
값 17,000원 | **ISBN** 979-11-90067-47-8 (13320)

네이버 포스트 [책인사] 바로가기

네이버 카페 [작가수업] 바로가기

김이령의

더셀렉션

선택의 힘으로
원하는 결과를 끌어내는
300페이지 인생수업

SELECTION

김이령 지음

"내 인생의 선택을 누군가에게 맡기지 마라"

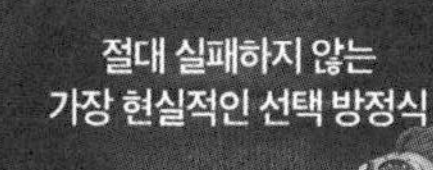

THE

'최고의 선택' : 무엇이 되고 싶은가요?

매 순간 두 갈래의 길이 존재한다. 배움은 지식의 축적이 아니라 삶의 순간 속에서 터득하는 것이며, 그 배움으로 최선만을 선택해왔다. 나는 한 번 선택하면 뒤를 보지 않는다.

어렸을 때 장래희망을 묻곤 했다. 가정형편이 좋아서 내 스스로 진로를 선택했다면 나는 어떤 일을 하게 되었을까? 열거를 해보니 되고 싶고, 하고 싶은 일들이 꽤 많았다.

의상 디자이너 – 변화를 추구하기를 좋아하니까.
인테리어 디자이너 – 기능성, 편리성, 내구성을 보는 심미안적인 사고와 두뇌가 있으니까.
보석 디자이너 – 남들이 못 보는 것을 보는 능력이 있으니까.
마취과 의사 – 인체의 기전과 메커니즘에 대한 관심도가 높으니까.
경제인 – 득과 실에 대한 니즈를 전달하는 데 이해가 깊으니까.
신문방송학과 – 보도국 앵커로 시사 정보의 전달자가 되고 싶었으니까.
국제무기판매상 – 상품의 가치를 잘 전달할 수 있는 세계적 로비스트가 꿈이니까.

퍼스널 쇼퍼 – 고객의 취향, 나이 등 맞춤형 셀렉터로서 품격을 격상시키는 귀재라고 하니까.
스토리 텔러 – 단어, 이미지, 소리로 스토리를 구성지고 재미있게, 유익하게 전달한다고 하니까.

그럼에도 내 꿈들을 뒤로하고 대학진학을 포기해야만 했다. 생계를 목적으로 돈을 벌기 위해 차선책을 선택했다. 창의적인 사고를 확장하며 한 시대의 영향력 있는 인재가 되고 싶었지만, 기능 자격을 취득한 직업인으로 나섰다.

이러한 궤도 수정은 기쁘지 않았다. 행복하지 않았고, 즐겁지도 않았다. 자유하지 않았으며 내 여정 가운데, 고등학교 학창 시절의 영상만 흐릿하다. 필름에 스크래치가 나 있는 것처럼 채널을 돌리면 그 장면만 지지직거린다. 마치 전선 접촉 불량인 것처럼.

가난 때문에 꿈을 좇지 못하는 것은 참으로 불행한 일이다. "자기 할 일을 찾아낸 사람은 행복하다. 그로 하여금 다른 행복을 찾게 하지 말라. 그에게는 일이 있고 인생의 목적이 있으니까."라고 영국의 사상가 칼라일이 말했다. 비록 가난과 고난으로 세월이 쏜살같이 흘러 왔다 해도, 그 꿈들은 멈추지 않고 이어져 나갈 것이다.

ALEXANDRIA
스텝하니

김이령의 더 셀렉션

The Selection

제가 서 있던 곳은

언제나 불모지였습니다.

그럼에도 무에서 유를 이루었습니다.

함께하는 분들께도

희망의 사다리가 되길 바랍니다.

____________님께

김이령의 '더 셀렉션'을 드립니다.

차례

se LE ction _____ 일, 사랑, 변화로 이끄는 선택

sele C tion _____ 내 인생에 중도하차란 없다

selec TI on ______ 보이지 않는 것을 본다는 것도 선택이다

selecti ON ______ 인생을 바꾼 선물

프롤로그

나는 선택하려 애쓰지 않았다

매 순간 두 갈래의 길이 존재한다. 생과 사. 부모와의 운명적인 만남을 제외하고 나의 삶은 선택의 연속이었다. 순간에서 순간으로 이어지는 찰나에도 나는, 선택을 멈추지 않았다. 나에게 선택은 부모요 형제이며, 소명과 호흡, 존재의 이유와도 같았다.

삶을 마주하며 선택을 해야 할 때가 있고, 선택을 받아야 할 때가 있다. 선택을 받을 때도 나만의 선택을 해야 했다. 다만, 선택을 하려고 애쓰지 않았고 순간의 선택을 일상처럼 즐겼다.

만일 누군가 나에게 이곳에 머물며 함께 있어 달라고 한다면 나는 수용하지 않을 것이다. 이곳은 내가 선택한 자리가 아니기 때문이다. 누군가 나에게 '그만 이곳을 떠나지?'라며 등 떠민다고 해도 나는 절대 떠나지 않을 것이다. 이곳은 아직 내가 머무를 자리라고 선택했기 때문이다.

있어야 할 때와 떠나야 할 때를 알아차릴 때와, 비워야 할 때와 채워야 할 때를 알아차릴 때부터가 선택의 시작이다. 선택에는 시작만 있지 끝은 없다. 선택은 경계도 없다.

나는 선택을 할 때 하나만을 선택하지 않고, 일체를 선택한다. 그러나 나는 한 번 선택하면 절대 뒤를 돌아보지 않는다. 매 순간 마주하는 사건 사고의 자극과 반응 사이에서 나는 절대 선택을 회피하거나 숨지 않는다. 문제의 흐름 속에서 늘 방법을 찾아가면서 즐기는 것이 나만의 선택 방정식이다. 벼랑 끝에 서 있었던 위기 앞에서도 몰입했고, 편견 없이 즐겼던 소소한 성과들이 내가 즐기며 선택한 결과의 전부다.

40년간 내가 선택해온 성공의 방정식은 수십 개였다. 이 방정식들은 내가 무에서 유를 이룰 수 있었던 경험의 노하우들이다. 1인 창업의 성공으로 내 분야의 비즈니스 코드가 되었고,

선한 부자로서 많은 사람들에게 영향력을 펼칠 수 있었던 견인차였다. 나는 그 모든 것을 이 책에 녹였다.

그 성공 노하우에 숨겨진 필자의 인생 비하인드 스토리와 이념과 가치관, 지혜와 용기, 결단과 열정, 위기극복, 부드러운 카리스마를《김이령의 더 셀렉션 THE SELECTION》을 품에 넣게 될 모든 독자들과 깊이 나누고 공감하며 희망의 사다리가 되었으면 좋겠다.《김이령의 더 셀렉션 THE SELECTION》책 속에 오롯이 녹여져 있는 필자만의 셀프에너지 풍차의 풍력을 모든 분들도 함께 느껴볼 수 있게 되기를 소망할 뿐이다.

나는 100전 100패로 정평이 난 목동2단지 일방통행로 악조건에 의류매장을 오픈해 억대 연매출을 기록했다. 난 개발의 대명사로 아무도 시도하지 않는 수지 성복동에 의류매장을 오픈해 억대 연매출을 기록했다. 매장 보증금을 모두 털리고 떠난다는 블랙홀 분당 지역에 의류매장을 오픈해 억대 연매출을 기록했다. 최상위 상권에 분포된 각 지역 의류매장 10여 곳에 셀렉터 겸 딜러로 수억 원대 연봉을 기록했다. 도곡동 타워팰리스 지역 전문 부동산 비즈니스로 지역에서 계약률 높은 실장으로 정평을 얻었다. 피부미용의 메카, 청담동에 여성 전용 슈가링 부티크숍을 오픈해 직원 없이 억대 연매출을 기록했다. 매사에 반복되는 위기에 긍정적이고 효율적으로 대처함으로 선택하려고 애쓰지 않았고, 일상처럼 순간의 선택을 즐기며 얻은 성과들이다.

나는 하늘씨앗으로 이곳에 왔다. 부모 형제는 스스로 선택할 수 없었다. 나는 열악한 환경과 극도로 불안정한 가정에 기반을 두고 성장했다. 유년 시절부터 부모의 손길 한 번 받지 못하고 홀로서기로 나 되어가는 삶을 살아내야만 했다.

풍차는 풍력으로 낮은 곳의 물을 퍼 올리는 장치이며 바람의 힘을 이용해 동력을 얻는다. 풍력의 에너지로 곡식을 빻고 물을 퍼 올려 사람을 살리는 도구이다. 죽을 만큼 힘들 때 생존을 위해서 내 안에서는 셀프 에너지인 풍차를 있는 힘을 다해

돌려야만 했다.

미취학 유아기에 홀로 빈집을 지키느라 극도로 외로움과 두려움이 몰려올 때에도 웅크리고 앉아 울음을 선택할 수만은 없었다. 곁에 함께 있는 두 살 어린 동생이 밤이면 두려움에 울음보를 터트릴까 봐 노심초사 하며 씩씩한 척 그 아이를 토닥여 주어야만 했다.

감옥에 수감 중인 엄마를 대신해 의지할 수 있었던 유일한 선택은, 살기 위해 내 안에 잠재된 셀프 에너지인 풍차를 돌리는 일이었다. 나는 그렇게 셀프 에너지를 가동하는 방도를 일찍부터 터득할 수 있었다. 연탄불이 꺼져 냉골인 어두운 방에서 유난히도 심기가 나약한 여동생과 나에게 풍차는 부재중인 엄마의 따뜻한 체온과 온기, 위로의 음성을 대신해주었다. "괜찮아! 엄마가 있잖니!"

나의 아버지는 8남매 모두를 아내에게만 떠넘기고 가정을 일절 돌보지 않고 꽁꽁 숨어버린 책임회피형 남편이었다. 객지를 떠돌며 일 년에 한 번 꼴로 방문하는 사랑방 손님으로, 가족들에게는 한없이 매정하고 무심하며 소홀했던 아버지. 능력

이상의 사업자금을 융통하게 해놓고 뒷감당을 하지 않아 엄마를 빚더미로 몰아넣고 시침 떼어버린 무책임으로 일관하던 안하무인격인 가장.

고리대금의 중압감과 채무변제 불이행으로 벼랑 끝에 내 몰린 엄마는 정당성 있는 특단의 조치로 부동산을 매각했는데 아버지의 억측으로 공문서 위조죄로 형사재판에 넘겨져 감옥살이까지 경험했던 8남매의 엄마는 망연자실하게 살아오셨다.

이 책은 8남매 중 일곱 번째로 태어나 살얼음판을 걸으며 위태롭게 영유아기와 아동기를 지낸 어린 소녀의 가슴 시린 휴먼 성장 스토리이다. 극한상황에서도 자존감만큼은 잃지 않고, 돋보기로 햇빛을 모으듯이 매사에 초점을 고정시켜 놓고 몰입과 집중으로 치열하게 이뤄낸 성과들이 삶의 거울이 되었다.

대학 진학은 꿈도 꿀 수 없었다. 야간 상업고등학교에 진학해서 낮에는 중학교 서무 보조로 학비를 조달하면서 20대 초반부터 취업 전선에 뛰어들어 엄마의 채무 변제와 생활비를 해결해야 했던, 20대 청소년기를 살아낸 소녀 가장의 리얼 스토리이다.

그럼에도 불구하고, 상업학교 졸업 후 20대 초반에 상위 1%

의 정재계 총수들과 국책은행 금융계의 책임자를 보필하는 수행 비서로서 직장 내에서 직속상관들에게 인정받을 수 있었던 노하우와 인간관계론이 고스란히 책에 녹여져 있다.

이 책에는 또한 30대 초반부터 결혼 후 이혼을 겪으며 빈털터리로 제로베이스에서 다시 도전한 성공 스토리도 담겨 있다. 30~50대 성년기까지 1인 창업의 성공 스토리들이 삶의 최대 이슈였다. 비즈니스의 절대 강자로 성장할 수 있었던 건 자신만의 경쟁력인 플랫폼을 정확히 구축할 수 있었기 때문이다.

40년간 쉼 없이 내달려온 거듭되는 1인 창업으로 건강에 적신호가 켜지고 3중 추돌 교통사고로 후유장애를 얻게 되지만, 그 역경을 딛고 오뚝이처럼 다시 일어나 직원 없이 1인숍으로 수억 원대 연봉자의 성공 신화를 쓴 창업 스토리도 담겨 있으니 벤치마킹해볼 수 있을 것이다.

거기서 그대로 멈추지 않고, 50대 중반 일손을 놓을 나이에, 터닝포인트의 기회로 삼아 미국 뉴욕 상위 1%들만 받는다는 알렉산드리아 프로페셔널 슈가링왁싱 여성 전문 부티크를 미용과 헤어의 메카라 불리는 청담동 중심 상권에 창업하여 수년간 억대 매출의 성과를 이뤄낸 대체 불가능한 창업 스토리도 만나볼 수 있다.

다양한 창업 스킬과 40년 경영 노하우, 그리고 고급 정보 및 따뜻한 카리스마의 아름다운 인간관계까지 다채로운 스토리가 드라마처럼 재미있게 담겨진《김이령의 더 셀렉션 THE SELECTION》책이 독자들의 삶에 균형추처럼 중심을 잡아줄 수 있다면 내 삶은 성공했다고, 그 이상 바랄 게 없다고, 내 생의 최고의 선물이었다고, 이번 생은 당신 때문에 정말 감사했다고 고백할 수 있을 것이다.

전문가는 태어나는 것이 아니라 만들어지는 것이다. 긍정적인 마인드와 열정만 있다면 누구든지 가능하며, 매 순간 두 갈래 길에서 선택하려 애쓰지 않아도 순간의 선택을 일상처럼 즐길 수 있을 것이다.

전문가는 태어나는 것이 아니라 만들어지는 것이다.

THE

모든 것은
나로부터 시작된다

나에게 일이란

나에게 일이란, 생명의 연금술사다

인간이 먹지 않고 숨 쉬지 않으면 살아갈 수 없지 않은가? 나는 일을 해야만 살아갈 수 있다는 인식을 일찍부터 갖게 되었다. 일을 해서 얻어지는 수익과 분배에 대한 의식도 남달랐다. 한마디로 이지에 밝은 사고를 가지고 있었다. 가정형편을 의식해서만은 아니었다. 나는 일을 일로만 따로 떼어서 생각하고 있지는 않았다. 일을 해야만 모든 것을 얻을 수 있다고 생각했기 때문이다. 건강, 사랑, 기쁨, 가정, 평화, 능력, 사업, 발전, 부자, 휴식, 여행 등을 말이다.

빚더미 속에서 헤어나지 못하는 엄마, 가장으로 한 가정을 제대로 꾸려가지 못하는 아버지를 보며 부모 탓, 환경 탓으로만 돌리면서 원망을 품고 우왕좌왕하며 에너지 소모전을 하기에는, 내 인생의 가치가 너무 크다는 걸 일찍부터 알아버렸다.

친구들이 하나같이 대학 진학을 꿈꾸고 있을 때 나는 야간 상업학교에 다니면서 돈을 벌겠다는 야무진 계획을 갖고 희망에 부풀어 있었다. 재학 중인 고등학교의 등록금마저도 자가 해결을 하기 위해서 낮에는 돈을 벌고 밤에는 자격증 취득과 공부에 몰입했다. 내가 원하던 진로와는 거리가 멀었지만 좌절과 두려움에서 벗어나 하루라도 빨리 나의 존재를 찾고 질 높은 삶을 찾아가려면 일로 소득을 창출해서 능력을 갖추는 것밖에는 다른 방도가 없었다. 그래서 공부보다는 돈을 제대로 벌기 위한 기초를 세웠다. 그 첫 단계로 자격을 배울 수 있는 상업계 고등학교 진학을 선택했다.

학벌 등 스펙보다는 돈이 경쟁력이라고 믿고 있었다. 그래서 대학 진학의 꿈을 접고 생계의 절대 수단인 일을 선택했다. 나에게 일은 호흡이고 숨통이며 삶의 유일한 안전장치이고 통로였다. 단순한 노동의 수준을 넘어 질 높은 삶을 보장받을 수 있는 유일한 생명의 연금술사였다.

야간 상업고등학교를 졸업한 스펙이 전부였던 나는, 국내 유

수 기업인 해운회사의 비서실에서 비서로 첫발을 떼었다. 그곳에서도 나의 소신과 신념을 가지고 포지션을 정확히 확보하며 2년간 인정받으며 근무했다. 그러나 떠나야 할 때를 알아차린 후 시장의 트렌드를 발 빠르게 파악하고, 더 나은 성장을 위해 모두가 아쉬워할 때 떠나왔다. 보통 3년 정도 몸담고, 한 분야에서 프로가 되면, 궤도 수정을 위해 길을 떠난다.

나는 일에 대해 초점을 둘 때 차선이 아닌 최선만을 선택하기 때문에 그 분야의 최고 일인자를 만나기를 좋아한다. 처음부터 일인자를 만나지 못할 수도 있다. 그러나 나는 반드시 일인자를 찾아내거나, 내가 그 분야의 일인자가 되기 위해 스스로 길을 만든다.

한번 시작한 일은 반드시 성과를 중시하는 마음으로 결실을 거둔다. 나의 강점은 무에서 유를, 제로베이스에서 시스템을 만들어내는 일을 잘한다는 것이다. 나는 지금에 집중하며 살아가는 일을 잘한다. 지금이 과거고 미래도 지금이라 여긴다. 지금을 살면 바라는 게 없으니 풍요할 수밖에 없다. 골프에서 그린에 공을 넣기 위한 어프로치 과정도 중요하지만 일로서의 성사 여부를 보자면 클로징을 쳐서 계약서에 서명을 받아내는 작업까지가 나이스 숏이다. 이처럼 작업의 성과를 이끄는 길은 집중과 몰입뿐이다.

나는 한 번 선택하면 절대 다시 생각하지 않는다. 그 선택을 믿고 확신하기 때문이다. 초심을 잃지 않고 일관성 있게 한 스텝 한 스텝 행동으로 옮겨가다 보면 확신이 명확해진다. 나에게 일이란, 내가 수월하게 호흡할 수 있도록 도와주는 산소와도 같은 존재다.

나에게 일이란, 호흡이다

무엇이든 원하지 말고 선택하라. 원한다고 내 것이 될 수 없다. 선택하여 먹어보고, 가보고, 행해보았을 때 비로소 내 것이라는 가치를 알게 된다.

나에게 일이란 축복이다. 사람들은 일이 잘 풀리고 인정받는 사람을 보고 인복과 인덕을 갖추고 있다고 한다. 나는 그 인복과 인덕에 일복까지 타고난 축복받은 사람이다. 인복은 타고나는 것이 아니라 만드는 것이며 그 또한 자신의 선택이다. 복을 베풀어야 인복으로 되돌아오며, 덕도 갖추어야 인덕 있는 사람이 될 수 있다. 결과보다는 과정을 중시하는 마음으로 일의 수행 능력을 인정받으면 일복은 저절로 쌓인다.

일은 노동이 아니라 인품과 가치를 팔아 보상받는 대가의 산물이다. 진정성을 가지고 일의 성과를 보여주면 내가 간절히 원하지 않아도 세상은 나에게 일복을 몰아주어 축복이라는 보상을 선물로 준다.

나는 지금까지 1인 창업 비즈니스를 펼치는 동안 불경기를 겪은 경험이 단 한 번도 없다. IMF 때도 예외는 없었다. 그럴 수 있는 노하우가 몇 가지 있다.

우선 결과를 먼저 생각하지 않는다. 고객을 돈으로만 보지 않는다는 말이다. 나는 최소의 비용으로 최대의 효과를 내는 비즈니스 스킬도 가지고 있다. 재고 관리에 능수능란하다. 일에 대한 일관성과 몰입력은 타의 추종을 불허한다. 고객의 니즈를 잘 헤아릴 줄 안다.

지인이나 측근들 또는 고객들이 묻는다. "원장님은 잘되는 이유가 뭐예요?" 그 물음에 나는 "표리부동하지 않으며 일관성 있는 모습으로 고객에게 확신과 믿음을 주는데 비즈니스가 어찌 아니 될 수 있겠습니까?"라고 화답해준다.

나는 일을 메시지로 푼다. 일하는 모습에서 나의 인품과 가치가 묻어난다. "사장님이 권해서 선택한 건 후회를 안 하는데, 권해주셨는데 안 하고 놓친 건 아직도 후회가 돼요!"라고 그들은 메시지를 남긴다.

나는 일을 통로로 푼다. 일을 하면서 나의 생각은 점점 더 확장되고, 나의 세계는 점점 더 넓어져서 더 나은 길로 안내를 받는다.

나는 일을 '전부'로 푼다. 일 속에 삶이 서려 있다. 일 속에 나의 성과가 보인다. 일 속에 나의 성공이 보인다. 일 속에 나의 건강이 보인다.

나는 일을 행복 바이러스로 푼다. 어떤 프로세스를 계획하면 나는 가슴이 뛴다. 내가 좋아하는 일을 하면 사랑에 빠진다. 일에 대한 성과와 보상이 따르면 행복이 충전된다.

나에게 일이란 존재 자체다. 일하는 모습에서 나의 본질이 보인다. 일하는 모습에서 나의 마음결이 보인다. 일하는 모습에서 나의 미래가 보인다. 나에게 일이란 호흡이며, 숨결이오, 생명의 연금술사다.

아름다운 고수(高手)

가난에는 조건이 없다. 선택일 뿐이다. 내 안에 가난은 애초부터 없었다. 내 삶의 주체는 환경이 아니라 바로 나 자신이라고 여겼다. 이와 다르게 생각한 적은 단 한 번도 없다.

방금 통장에 10억이 들어왔다고 치자. 그로 인해 바로 바뀌는 건 아무것도 없다. 돈에 대해 가졌던 행복이라는 감정은 그리 오래가지 않는다. 그래서 나는 기왕이면 통장에 100억이 있다고 더 풍요한 생각을 갖고 산다. 생각을 사는 순간, 나는 100억 부자가 된 것이다. 100억을 가지는 데 지급되는 것은 내 사고일 뿐인데 못할 게 없지 않은가?

나는 고소득자가 아니라 부자다. 고소득이라는 금액은 자신이 정한 금액일 뿐이고, 부자도 자신이 선택한 것일 뿐이다.

돈과 행복의 연관성은 큰 것이 아니며, 행복이란 더 많이 갖는 데서 오는 것은 아니라고 생각한다. 고소득자는 돈을 버는 데 포커스를 맞추며 주택을 구입할 때도 대부분 대출을 끼고 산다. 부자는 번 돈을 어떻게 사용할지에 초점을 맞추며 집을 살 때도 그들 중 40% 정도는 대출을 받지 않는다고 한다.

▶ 내가 부자인 이유

- 부동산을 구입할 때 대출을 받지 않는다.
- 자동차를 살 때 리스나 캐피탈을 이용하지 않는다.
- 은행 마이너스 통장을 사용하지 않는다.
- 무이자 카드 혜택을 최대로 활용한다.
- 같은 은행만 꾸준히 이용해 신용등급의 상향으로 무이자 혜택(5개월에서 10개월) 서비스를 최대한으로 제공받아 활용한다.
- 은행 창구에서 번호표를 뽑지 않는다. PB센터로 논스톱 서비스를 받는다.
- 자금 관리는 프라이비트 뱅킹을 통해 맞춤형 자산 관리와 재무관리 서비스 혜택을 받는다. 개인별 PB 전담 배정을 받고 있다.
- 최신 대여 금고 제공도 받을 수 있다.
- 고품격 라이프케어 서비스도 가능하다.
- PB 고객 전용 세미나에 초대도 받는다.
- VIP 고객에게 개별화된 솔루션을 제공하기 위해 맞춤형 포

트폴리오를 제시해주고 있지만 참고만 할 뿐, 내가 알고 있는 상품만 분별해서 선택은 스스로 한다.

- 자금의 리스크 관리를 위해 투자 제안에 따른 판단도 스스로 직접 내린다.

나는 임대 사업자다. 성남시 분당구 정자동 역세권에 오피스텔과 서울숲 성수동에 랜드마크격인 아파트를 보유하고있다. 분당 부동산 임대사업자로 등록해 8년째 임대를 놓고 있으며 임대를 놓을 때 임차인이 임차 기간에 불편함이 없도록 시설 투자를 아끼지 않는다. 오피스텔 임대는 아파트와 달리 임대차 기간이 1년이기 때문에 8년 동안 여러 차례 임차인이 바뀌었다.

오피스텔 분양 당시 신분당선에 위치해 있다는 메리트와 모델하우스 내부 수납공간의 인테리어 인기몰이에 혹해서 신청한 후 몇 십대 일의 경쟁률을 뚫고 당첨되어 천운이 닿았다고 생각하며 기뻐한 부동산이었다. 그러나 입주 사전 점검 날 가보니 경부고속도로 판교 인터체인지와 근접해 있고 방향은 정서향을 보고 있었다. 분양받기 전 가장 중요한 현장 답사를 간과한 대가였다. 서향이면 한낮에 에어컨을 틀어도 온실효과로 열효율성도 떨어지고 햇빛을 안고 살아야 한다.

이런 불편함을 알면서 시침을 뗄 수는 없었다. 임차인이 서향으로 겪게 될 불편함을 해소해줄 수는 없지만 자신들의 돈까지 들여 창문에 블라인드를 설치하게 할 순 없었다. 그래서 창문 전체에 통풍도 잘되면서 자외선을 차단해주는 고급 소재의 암막 커튼을 부착해서 임대를 놓았다. 그린 컬러에 벌집 모양의 블라인드를 설치해놓으니 분위기가 한층 고급스러워 보이고 실내가 아늑하게 느껴졌다. 물론 층수와 호수가 로열층인 영향도 있었겠지만 바로 임대가 맞춰졌다.

지금 임차인은 3년간 거주 중이다. 미혼 여성이고 자신이 운영하는 카페 근처에 주거 공간을 마련한 터라 시세보다 낮은 임대 금액으로 3년간 동결해주고 있다. 지난 8월 말이 계약 기간 만료였는데 1년 더 연장하겠다는 통보를 받았다. 보통 재연장은 구두로만 하는 게 아니라 부동산을 통해 재연장 계약서를 다시 작성한다. 부동산도 직인, 날인을 해주는 책임에 대한 대필 비용을 받고 진행한다. 비용은 임대인과 임차인이 반반 부담으로 하는 것이 관례인데 나는 나의 재산권을 보호하기 위한 목적이 더 강하기 때문에 내 쪽에서 전액을 부담하겠다고 제안했다. 세입자는 3년째 매년 집주인이 부담해주니 왜 고맙지 않겠는가. 그래서인지 3년 동안 임대료 입금 날을 어긴 적이 한 번도 없었다. 서로 가치를 인정해주는 거라 믿고 있다.

나는 청담동 건물 2층에 임차를 받아 숍을 운영하고 있다. 올해로 4년 차다. 임대차 2년이 도래하자 임대료 10% 인상을 요청해왔다. 내용 변경으로 계약서를 다시 작성하기 위해 부동산에 의뢰했고 작성료는 주인이 다 지불하겠다고 구두 약속을 받았으나 계약서 작성 날 주인은 나오지 않고 대리인만 내보냈다. 대리인은 작성 수수료는 임차인이 내라고 했다는 주인의 의향을 전달했다. 구두로 약속을 했던 주인이 며칠 만에 마음을 바꾸어 화도 났지만 주지 않으려는 사람에 대해서는 방도가 없다. 주저하지 않고 기분 좋게 계약서 작성비를 부담했다.

이 시점에 남을 통해 배운다. 진정한 고수, 진정한 프로는 자기 인품과 가치를 잔돈 몇 푼과 절대 바꾸지 않는다. 시간이 흘러 주인이 다시 내 얼굴을 아무렇지 않게 마주할 수 있음도 대단했다. 나라면 동일한 상황을 만들지도 않았을 것이다. 구두 약속을 더 철저히 지켰을 것이다. 약속을 지키는 자가 무림 고수라면 약속을 번복하는 자는 하수라고 생각한다. 무림은 무사, 무협이며 고수는 분야나 집단에서 기술이나 수가 높고 능력이 매우 뛰어난 사람을 일컫는다. 내가 고수의 길로 갈 수 있었음은, 하수의 행동을 하는 이들로부터 배움이 있었기 때문이다.

돈과 행복의 연관성은 큰 것이 아니다. 부자는 번 돈을 어떻게 사용할지에 초점을 맞춘다.

최고의 성취감은 내면에 잠들어 있는 잠재력을 자신만의 능력으로 끌어내 발휘하고 그것을 활용해 이웃에게 눈부신 에너지를 순환시키는 움직임에서 나올 것이다. 나는 성취의 움직임을 멈추지 않을 것이며, 눈부신 성취를 이루기 위해 하고 싶은 일만 선택해왔다. 잘할 수 있는 일을 찾아내 강점을 극대화했고 약점을 보완하는 데 에너지를 적절히 안배했다. 그것이 내가 무림 고수라 주장하는 이유다. 자기 자신을 스스로 귀하게 여기는 법과 타인을 섬기는 법을 행하며 사는 것을 본래부터 좋아했었다. 의식과 감각으로 깨달은 가치와 인품을 함께 나눌 준비가 되어있는 나는 무림 고수다.

나는 야간 상업학교 출신이다. 아버지가 엄마를 빚쟁이로 만든 것도 부족해 감옥까지 보내신 두 부모 밑에서 성장했다. 그저 자식으로 바랄 것은 없으니 두 분 건강하고 화목하게만 살아주십사 소망하며, 배경 탓이나, 부모님을 원망하거나 부끄러워하지 않았다. 다만 늘 그분들이 짠했다. 그래서 내가 취해야 할 것들이 무엇인지 알아차렸고, 내 안에 없는 것을 사람들을 만나면서 찾아냈다.

그렇게 변화를 지향하고 초점을 어디에 둘지 방향성을 찾아 따르면서 지금 이곳에 머물며 살아가고 있는 나는 고수 중의 고수, 무림 고수다.

진정한 고수, 진정한 프로는

자기 인품과 가치를 잔돈 몇 푼과 절대 바꾸지 않는다.

ROSY

ALEXANDRIA

공(空)은 빈(貧)이다

나에게 약속은 존중이다. 하찮은 약속은 없다. 사소한 약속도 없다. 나에게 약속은 기대와 설렘이다. 약속은 휴식이다. 약속은 그리움이다. 나에게 약속은 놀이다. 약속은 충전이다. 불필요한 약속은 없다. 약속은 경청이다. 약속을 잡을 때부터 내 쪽에서 대접을 하겠다는 마음으로 약속을 잡는다. 약속 장소에 나갈 때는 기본 격식을 갖추어 의상을 입으며 신발이나 핸드백도 대충 고르거나 편안함을 앞세우지 않는다. 다소 거동이 불편해도 나와 동행할 상대를 예우하기 위해 차림새에 신경을 쓴다.

그날 컨디션이나 날씨, 만나는 상대에 따라 향수를 고르는 것도 잊지 않는다. 늘, 언제나처럼 약속 장소에서 후불로 계산해야 할 때는 넌지시 화장실 가는 도중에 계산을 해놓기도 한다. 그리고 클라이언트가 계산하려고 서둘러 급하게 나가려 할 때 계산이 되어 있다고 미소를 지으며 서두르지 마시라, 센스 있게 말해준다. 상대가 내 성격을 알고 나보다 동작이 민첩한 분일 때는 주문할 때 직원에게 선결제를 요청할 때도 있다. 미리 선언을 하는 셈이다.

'이 계산 누가 할까? 내가 할까? 왜 나만 내? 나를 호구로 보나?'

나는 생각이 조금 다르다. 계산할 생각이 없거나 지급 찬스를 놓치는 사람이 호구라는 생각이다. 왜? 쓴 돈이 내 돈이라고 생각하니까.

'지난번에도 내가 샀는데….'라며 머리를 쓰면서 오랜만에 갖는 만남이 주는 행복을 방해하고 싶지 않아서다. 카운터 앞에서 서로 계산하기 위해 실랑이하는 불상사는 만들지 않는다는 말이다. 밥을 사고 나면 미안하지 않아 좋고, 다음번에 갚으려고 기억해놓지 않아도 되니 자유로운 몸이 된다. 적어도 신세지고 들어오지는 않는다는 이야기다. 후식까지 전부 사는 것도 상대가 센스가 없거나 의사가 없어 보이면 예외 없다. 쓰는 김에 쓰는 기분은 또 다른 풍요다. 나는 내가 대접할 때 더 맛있게 먹는다.

계산하지 않은 상대도 모르지 않는다. 사정이 있어서 지출보다 불편한 마음을 선택한 것도 그의 방식이다. 그럴 때 그에게 더 큰 것, 더 양이 많은 걸 앞자리에 넌지시 놓아줄 때 내 배를 채우는 것보다 더 큰 기쁨을 얻는다. 그런 순간순간의 좋은 습관들이 나의 자존감이 되고, 주변에는 나와 만나려고 하는 사람들이 늘어난다.

나는 약속을 새로운 변화의 준비로 생각한다. 상대에게 부탁을 하거나 협조를 구할 약속은 하지 않는다. 약속하지 않으면 아무 일도 일어나지 않는다고 생각한다. 정체된 삶은 죽은 삶이라 여긴다. 만나야 발전이 있다고 알고 있다. 만나야 보상과 혜택이 따른다는 것도 안다. 만나지 않은 것에 대한 대가 지급은 있어도 만나서 보상이 따르지 않는 일은 없다.

상대에게 유익한 조언이나 멘토링을 위해서는 기꺼이 시간을 낸다. 절대 이중 약속을 잡지 않는다. 한 사람에게 온전히 집중하기 위해서다. 하루에 한 건의 약속만 잡는다. 약속은 비즈니스가 아니기 때문이다. 상대를 만나 조언을 해주면서 나도 한 수 배운다.

약속은 중요한 일이지 급한 일이라고 여기지 않는다. 만나는 상대가 누구든 불가피한 경우를 제외하고 내 편의를 위해서 상대방이 내 쪽으로 오게 하는 번거로움을 주지 않으려고 한다.

내가 움직이는 편이다. 이동하면서 얻는 국물은 반드시 있다.

숍 근처의 약속도 숍이 아닌 카페에서 정중히 만난다. 보통은 뭐 하러 커피 값을 쓰냐고 너희 숍으로 가자고 하지만, 아니! 나의 비즈니스 공간은 고객을 위한 공간이지 담소의 공간이 아니다. 공간 구분은 철저히 한다. 고객을 챙기고 배려하는 자세가 몸에 배어 있을 때 소득은 자연히 따라오니 커피 값이 대수일 수 없다.

상대가 묻는다.

"내일 뭐해?"

"나 내일 무슨 무슨 계획 또는 일정이 잡혀 있는데. 왜?"라는 패턴으로 응대한다.

"내일 뭐해?"

"왜?"

"시간 되면 얼굴이나 볼까 해서."

그제야 "나 내일 선약이 있어서 곤란한데…."

나는 이런 유형의 사람과는 약속을 잡지 않는다. 혹여 약속을 잡았다 하더라도 다른 급한 일이 생기면 약속 당일 날 아무렇지 않게 100% 취소하는 유형일 확률이 높다.

방문은 그 집의 축복이다. 방문은 그 집에 평화다. 방문은 그 집에 기도다. 방문은 그 집에 에너지다. 방문은 그 집에 부를 가져다준다.

빈손은 '공(空)'이다. 빈손은 '빈(貧)'하다. 빈손은 미안함이다. 빈손은 할까 말까를 고민하게 한다. 빈손은 머리를 쓰게 한다. 빈손은 허전함이다. 빈손은 손 처리가 모호하다. 빈손은 인사가 짧다. 빈손은 인색함이다. 빈손은 심심하다.

나는 누구를 만날 때 오늘은 무엇을 준비할까 생각하면 아드레날린이 마구 샘솟는다. 손에 들고 가는 선물이나 먹거리는 상대가 원하는 것, 상대가 필요한 것보다는 내 기호에 맞춰서 상대가 평상시 돈 주고는 안 살 것 같은 것으로 준비한다. 그렇게 준비해서 가는 동안 내 기분은 행복 가득이다.

이때 가능한 한 포장지는 고급스럽게, 제일 예쁜 걸로 한다. 제품 값보다 포장 값이 30%를 웃돌아도 해야 할 때는 과감하게 지출한다. 내 마음이 행복하면 받는 상대방은 더 행복할 테니.

내가 빈손으로는 절대 방문하지 않는 이유는 행복을 이어가기 위해서다. 행복이 이어지면 늘 컨디션이 좋은 나날을 보낸다. 좋은 컨디션으로 나날을 보내니 비즈니스는 저절로 잘된다. 비즈니스가 잘되니 나는 상대에게 밥을 잘 살 수 있고 빈손으로 다니지 않아도 된다. 선순환이 일어나는 것이다.

돈은 인격체다

아무리 강조해도 지나치지 않는 진실 하나를 나는 알고 있다. 그것은 바로 가치와 선택에 대한 것이다. 내가 돈을 끌어당기는 게 아니라 돈이 나를 끌어당겨 선택해준다는 사실이다. 돈에는 힘이 있다. 돈으로 사람의 마음을 움직일 수 있다. 돈이 나를 위해 일하게 할 수도 있다. 재테크나 부동산 임대업이 그렇다. 마중물을 부어주면 돈이 나를 택한다. 돈은 능력의 바로미터다. 돈이 있어야 자신감 있는 결정도, 선택도, 인정도 받을 수 있으며 효도도, 성공도 할 수 있다.

속성이 없으면 실체가 존재한다는 것은 불가능하다. 돈의 본질을 모르면 돈이 보이지 않는다. 돈을 버는 것보다는 돈에 대한 생각이 중요하다. 인정, 존중, 사랑, 간절함, 선함, 흐름,

소통 같은 것들이다. 선한 목적을 가지고 일을 사랑해서 번 돈은 내 곁에 오래 머물러준다. 자신의 이익보다 타인의 이익을 중시해야 돈은 따라온다.

돈은 누구든지 어떻게든 벌 수는 있다. 무엇으로 버느냐가 중요할 뿐이다. 그 기저에는 남의 돈도 소중히 해야 한다는 사실이 자리한다. 이를 외면하면 돈은 절대 내 편이 되어주지 않는다. 돈은 너무도 정직하고 선하다.

인간관계나 대인관계는 둘 이상의 사람이 빚어내는 개인적, 정서적 관계로서 사랑, 연대, 사업 등 사회적 약속에 기반을 두고 있다. 인간은 사회적 존재로서 태어날 때부터 자아실현을 위해 도움과 보호를 필요로 하는 의존적 존재임을 누구도 부인할 수 없다. 매끄럽고 부드러운 소통과 협상, 아름다운 인간관계는 자신의 이익보다 타인의 이익을 중시할 때 가능하다. 상대에게 도움을 주고 싶어 하고 삶에 대해 공감하는 것이 원활하게 이루어질 때 돈은 자연스레 나를 향해 행복의 마중물을 부어준다.

돈이 움직이는 수입과 지출에는 타이밍이 있다. 나갈 때(투자, 창업, 시설, 물품매입, 재투자 비용 지출, 소득신고 및 손익분기점의 잉여금 지출, 임차료, 기타 제반 비용), 들어올 때(상품매출)

의 시기를 지난 후 안정기를 지나 성장기부터 일정하게 들어오는 소득에는 돈의 힘이 강하다. 그때부터를 돈이 모이는 시기로 본다.

돈은 인격체다. 이때 집착을 하거나, 남의 돈을 쉽게 생각하거나, 머리를 써서 매출 증대를 꾀하려 하면 돈은 등 돌리고 저 멀리 다시 도망가는 성질이 있음을 잊어서는 안 된다. 돈은 교만한 마음을 거부하는 속성을 지니고 있다. 성급한 마음을 거부한다. '이만하면 됐지'라고 안주하는 마음에는 돈도 더 이상 행복을 부어주고 싶지 않아서 곁을 떠나간다.

돈은 돈을 사랑하고 원하는 마음을 좋아한다. 돈은 귀하게 여김 받고 쓰임 받는 곳에 기꺼이 찾아온다. 돈은 돈을 간절히 기다리는 마음을 좋아한다. 돈은 번 돈을 재투자하여 전문가가 되기를 원할 뿐 아니라 자기계발로 사회에 기여할 때 기뻐한다. 나는 돈을 사랑하지만 집착하거나 좇지는 않는다. 나는 돈을 무서워하지만 싫어하거나 거부하지는 않는다.

나는 상대방과의 결합적 의사를 이끌어내는 협상을 좋아한다. 40년간 1인 사업만을 해오면서 그런 협상 방법을 터득했다. 매매로 인한 금품의 인도나 흥정보다는 상대의 입장을 경청하고 고려하여 순수한 관심과 공감으로 고객과 마주하며 고급 정보를 전달하고 얻는 성과(소득)에 큰 가치를 둔다.

상대의 화제에 공감하면서 그에게 무엇을 내주어야 그의 관심사가 해소되거나 혜택이 부가될지 그 방법을 찾는 데만 집중한다. '무엇을 팔까'라는 생각은 0.001%도 없다. 나는 옷을 팔 때 옷 이야기를 내 입으로 먼저 꺼내지 않는다. 최장 세 시간까지 응대해본 적도 있다. 화장실도 가지 않는다. 대화의 맥이 끊기면 협상은 100% 실패로 끝나기 때문이다.

앤티크 가구를 팔 때에도 먼저 권유해본 적이 없다. 함께 수다 떨듯이 그녀의 지난날 스토리를 들으며 질문을 통해 그녀의 자금력, 가족관계, 사는 곳, 자녀 관계, 결혼 유무를 파악한다. 이렇게 고객을 탐색하면 그녀의 니즈가 무엇인지 아니면 내가 직접 골라 주기를 원하는지 정도는 파악이 끝난다.

왁싱 방문 고객들에게도 티케팅을 먼저 권해본 적이 없다. 다만 왁싱을 언제부터 받아들였는지 여부와 그동안 꾸준한 사이클을 지켜 관리를 해왔는지, 왜 다니던 곳을 끊게 되었는지, 왜 로지를 선택하게 됐는지, 계속 같은 방식으로 왁싱을 해나갈지 질문을 던진다.

그러면 "아니요! 이제는 그만 방황하고 한곳에 정착해서 꾸준히 관리하고 싶어요."라고 한다. 그러면 한 번 더 질문을 던진다. “최하 10회 정도는 자신의 Y존 건강을 위해 전문가에게 지속적으로 맡겨볼 의향은 있는지?” 그러면 100% 그렇게 해보고 싶다고 답변을 준다. 권유 없이 이렇게 고객의 자발적 의사를 듣는다. 이것이 어프로치에서 클로징 단계까지 일사천리로 결론이 나는 상담 내용의 전부다.

단, 이것은 본인이 진정 전문가의 실력을 갖추었을 때 나눌 수 있는 대화다. 수준 높은 고객일수록 전문가를 한눈에 알아본다는 걸 잊어서는 안 된다. 당신을 위해서 내가 해줄 수 있는 선은 여기까지라고만 안내를 한다. 이러한 진심은 눈빛, 음성, 언행, 일관성으로 나타난다. 상대는 이미 자신이 귀하게 여김 받고 있음을 알고 최고를 선택하고 싶어 하게 된다.

나는 그저 물건의 가치는 가격표에 있는 것이 아니라 나의 필요에 달린 것임을 스스로 알아차리게 해준다. 그렇게 행복한 결정을 내릴 수 있도록 도왔을 뿐이다.

믿음은 느닷없이 오지 않는다. 믿음은 수고 없이 오지 않는다. 고객을 마중할 때는 항상 품위를 유지하고 자신의 평가가 그로부터 난다는 사실에 대해 방심하지 않는다. 언제나 최고의 컨디션을 유지하고 있어야 최고의 고객이 스스로 알아서 찾아준다.

중력은 지구가 물체를 잡아당기는 힘이다. 돈도 사람에 대해 중력을 지니고 있다. 돈의 가치를 알아줄 때 돈도 내 일의 가치를 존중해준다. 서비스 생산자인 나와 고객과의 연결 선상에서 언제나 상대의 입장을 먼저 헤아리며 공감해준다. 소소한 질문들로 관심을 끌어낸다. 이것이 나만의 비즈니스 스킬이자 돈을 가치 있게 흘러들게 하는 노하우다. 여러 가지 방법을 통해 에너지가 되어 나에게 다가와 준 돈. 이 돈을 어떻게 다시 좋은 곳으로 흘러가게 하느냐, 이것이 하늘이 원하는 바다.

새로운 숍을 오픈할 때마다 잠시 고민을 해볼 때도 있다. 할까, 말까? 지금인가, 나중인가? 요만큼일까, 이만큼일까? 올베팅(투자, 재투자)을 해야 하나, 말아야 하나? 이런 것들을 놓고 고민이 들 때가 있다. 걱정은 신중을 위함이고, 오픈을 해야 하는 이유가 더 크다는 것을 알고 있기 때문에 고민하는 시간이 잠시뿐이기는 하지만, 이렇게 걱정이 증폭될 때는 두려움이 밀려들기 전에 다시 침묵의 시간 속으로 들어가 우주의 에너지를 불러 모은다.

비즈니스를 하다 보면 떠날 때를 알게 된다. 그건 내 몸이 먼저 알아차린다. 물론 그때가 언제인지 사실 나도 모른다. 갑자기 올 때도 있기 때문이다. 주변 사람들은 "지금도 잘되고 있는데 왜 그만두지?" 한다. 되는 자리에서는 함부로 자리를 뜨는 게 아니라고 조언도 한다. 그 자리가 나와 맞는 자리라고. 그러나 그건 그들의 생각이다. 나와 맞는 자리가 따로 있는 게 아니라 나와 맞지 않는 자리라도 되게끔 만드는 게 내 삶의 방식이다.

동종업계나 새벽시장에서는 상호가 바뀌고 지역이 바뀌면 능력자라고 하면서 점포 권리금 작업하느라 이리저리 옮겨 다닌다는 오해 아닌 오해도 받았다. 천만의 말씀이다. 나의 철학은, 부족함 없이 인색함 없이 충분한 시설을 갖추어놓고 2년간 죽은 자리도 들어가서 어떻게 해서라도 활성화를 시켜놓는 것이다. 이게 내가 이룬 성과들이다. 3년 정도 하면 담당 세무서에서 "아니, 이렇게 쪼그만 가게에서 웬 카드 매출이 이렇게 크냐?"며 의아해한다.

한 매장의 마지노선과 사이클도 늘 내가 정한다. 내가 계획했던 최고의 매출까지 끌어올려 보고 시장의 한계가 보이면, 즉 꼭짓점이라고 파악이 끝나면 나는 그곳에서 더 이상 열정을 쏟고 싶지 않아 한다. 나는 언제나 변화를 추구하고 싶지, 주저앉아 돈 버는 기계로 나 자신을 초라하게 만들고 싶지는 않아서다. 그래서 또 가슴 뛰고 설렘을 느낄 수 있는 새로운 지역을 찾는다. 나를 필요로 할 만한 장소를 물색하여 창업을 꿈꾸며 유망점포 발굴 미션에 돌입한다. 새로운 로드맵을 구축하여 포트폴리오를 세워나간다.

이때는 그동안 번 돈을 사용하며 돈 쓰는 재미를 맛본다. 새로운 세상이 나를 기다리고 있다는 설렘에 아기처럼 많이 웃고 눈이 반짝반짝한다고 누군가가 이야기해주었다.

그렇게 나는 한 장소에서 돈을 많이 벌었으니까 너무 욕심부리지 않는 사람에게 권리금과 자릿세는 받지 않고 감가상각을 고려한 최소한의 시설비만 받고 넘겨준다. 누군가에게 선한 일을 하여 유익을 주었으니 속으로 뿌듯해하면서 유유히 빠져나와 더 나은 곳으로 이동한다. 그 사람은 내 매장을 만나서 손 안 대고 코 푸는 격이니 그것은 그분의 천복이라 여긴다.

새로운 준비를 하기에 앞서 나는 늘 내 안으로 들어가 침묵의 시간을 갖는다. 그동안 번 돈은 지금이 재투자의 적기며 확장의 시기라고 겸허히 받아들이며 상권이 더 좋은 곳, 환경이 더 쾌적한 곳에 어김없이 더 발전된 모습으로 캠프를 오픈한다.

어떤 기준으로? 하늘이 원하는 바대로! 내게 다가와 머물고 있는 돈을 다시 좋은 곳으로 흘러가게 아낌없는 투자를 해서 늘 다른 형태로! 그 맛에 오픈을 하기도 하나 보다. 그것이 내가 좋아하고 사랑하는 돈의 가치다. 고생해서 번 돈의 힘이 언제나 나를 응원해준다.

중요하게 여기는 게 하나 더 있다. 나는 나의 원칙을 칼처럼 적용한다. 세상에 당연한 것은 없다.

자유

가수 하덕규

껍질 속에서 살고 있었네 내 어린 영혼
껍질이 난지 내가 껍질인지도 모르고

껍질 속에서 울고 있었네 내 슬픈 영혼
눈물이 난지 내가 눈물인지도 모르고

자유 자유 자유

그를 만난 뒤 나는 알았네 내가 애타게 찾던 게 뭔지

그를 만난 뒤 나는 알았네 내가 목마르게 찾았던 자유

자유 자유 자유

껍질 속에서 노래 불렀네 내 외로운 영혼
슬픔이 난지 내가 슬픔인지도 모르고

껍질 속에서 울고 있었네 내 외로운 영혼
아픔이 난지 내가 아픔인지도 모르고

자유 자유 자유

그를 만난 뒤 나는 알았네 내가 애타게 찾던 게 뭔지

그를 만난 뒤 나는 알았네 내가 목마르게 찾았던 자유

자유 자유 자유

SE lection

선택할 수 없는
상황은 없다

색다른 축복, 탄생

1960년 8월 19일생 김.이.령.

풍파와 역경이 많았던 가정에서 4남 4녀 중 일곱 번째로 태어났다. 1950~60년대는 출산 시에 산파가 집으로 와서 탯줄을 자르고 태아의 건강 상태를 살펴주는 산후조리가 전부일 때였다.

산모의 자궁문이 열려 양수가 터지고 진통이 잦아들면 보통 태아의 머리 위치는 산모의 자궁 입구를 향해 있는 것이 정상적인 태아의 체위다. 그러나 특별하게도 나는 입부터 보였다고 한다. 아마도 첫 출산이었다면 산모도 태아도 모두 다 사망에 이를 수 있는 위험한 경우였다고 한다.

1960년도에는 유도분만이나 제왕절개, 무통 마취 같은 것이 없었다. 회음부의 생살을 찢고 태아를 받아내는 절차가 전부였다. 그러니 그 당시 산모와 아가는 얼마나 긴 고통의 시간을 보냈을까. 산파의 역할이라고 해봐야 산모가 힘을 주어서 나오는 아가를 조심히 받아서 탯줄을 잘 자르는 것이 전부였을 텐데 말이다.

입부터 자리를 잡은 불안정한 위치에 있다가 세상 밖으로 어렵게 빠져나와서인지 남보다 입이 유난히 튀어나와 있다. 이마가 눌려서인지 유난히 다른 형제에 비해 두상이 평평하다. 얼굴에 불만이 느껴질 때 이런 옹색한 이유로 꿰맞춰 보기도 한다.

"너는 입부터 자리를 잡고 태어나서 말의 천부적 재능을 타고났다. 말로 하는 직업을 갖는 게 좋을 것이다. 말을 잘하니 평생 밥 굶지 않을 것이다."

나는 이런 이야기를 아가 때부터 부모님께 들어왔고, 정말로 그렇게 살아왔다고 말할 수 있겠다.

아버지는 판문점과 임진각을 운행하는 서부 관광버스 일곱 대를 소유한 차주였다. 가정 돌보기와 8남매 양육은 엄마가 도맡고 아버지는 객지를 떠돌며 1년에 한 번꼴로 집에 방문하시는 사랑방 손님 같은 분이었다. 자동차보험 제도가 없던 그때는 관광버스가 한 대라도 언덕에서 굴러떨어지는 등의 사망사고가 날 경우 피해자와 합의가 이루어지지 않으면 무조건 구속

되는 시대였다. 버스 일곱 대의 기사들 성격과 운행 스타일이 제각각인 데다 배차 간격이 타이트하게 배정되면 신호 위반이나 과속운전으로 한밤중에 사고 소식을 자주 접했다. 새벽에 사고 소식을 접하면 온 가족이 초비상으로 자다 깨서 돈 걱정부터 해야 하는 일이 다반사였다.

취학 전으로 기억하는데 깊은 밤 마지막 배차 차량이 판문점에서 서울로 귀가하던 중 급커브길 언덕에서 굴러 떨어져 세 명의 사망자와 수많은 부상자를 낸 대형사고가 나서 그 기사가 신문에도 난 적이 있다. 그때 합의금을 마련하고 병원비를 감당하기 위해 여섯 대의 차량을 모두 팔고도 돈이 부족해 엄마가 발을 동동 구르며 급전까지 구하러 다녀야 했다. 당시에는 환자들이 요구하는 만큼 돈을 주지 않으면 합의도 해주지 않았다. 그리 심하지 않아도 병실에 입원해 누워서 버티면 병원비와 합의금이 얼마가 될지 예측하기 어려울 정도였다. 돈을 마련하지 못하면 차주인 아버지는 바로 구속되어야만 하는 상황이었다.

아버지는 엄마에게 마치 당신이 벌어 맡겨놓은 돈 가져오라는 식이었다. 아버지의 강압적인 재촉과 당장 어떻게든 돈을 구해내라는 성화에 내몰린 엄마는 언제나 빚더미에서 헤어나지를 못했다. 10부 이자(급전, 달러이자)로 기억되는 사채는 하루하루 이자가 눈덩이처럼 불어나는 무서운 돈이었다. 급한 대로 융통은 했지만 매일매일 불어나는 이자를 감당하지 못했던 엄마는 날만 새면 들이닥치는 빚쟁이들에게 사기꾼 소리도 들으며 여기저기에서 돌려막는 식으로 밑 빠진 독에 물 붓기처럼 살얼음판 걷듯 사셨다.

엄마가 그나마 수완이 좋으셔서 급한 불 꺼 가며 위기를 모면하여 뒤처리를 해드려도, 아버지는 열심히 돈을 벌어다 주며 빚을 갚으려는 외조의 모습을 단 한 번도 보인 적이 없다. 그만큼 아버지는 무심한 가장이었다.

돌려막으며 밑 빠진 독에 물 붓기 식으로 엄마 혼자 계속 원금뿐 아니라 이자에 이자가 늘어가는 빚을 감당해내기는 역부족이었다. 마치 기적처럼 연명을 해가던 엄마는 할아버지가 남겨준 집을 아버지 몰래 부동산에 내다 팔아서 급전들부터 막아내셨다. 나중에 다시 돈을 융통하더라도 신용은 지켜야 한다고 생각한 엄마의 양심적 판단으로 보인다.

그 사실을 아시게 된 아버지는 그 누구도 예측할 수 없는 상상 이상의 반응을 보이셨다. 인감도장 도용 죄, 공문서 위조죄로 아내를 형사 고발한 것이다. 미안해해야 할 입장에서 오히려 아내를 감옥에 보냈다며 당시 재판관들도 어이없어 했다고 한다.

모범수였던 엄마는 두 달 정도가 흐른 후 아이들이 있는 집으로 돌아오셨다. 엄마는 벼랑 끝에 내몰린 자신의 신세를 알아차리고 채무변제 불이행으로 자식들 놓고 고발당하여 경찰서 가는 것은 막아야 했기에 부동산 처분을 선택했을 것이다. 그런데 당신이 낳은 자식들의 지아비로부터 고발을 당하여 결국 아이들과 생이별을 해야만 하는 상황은 피하질 못했으니 엄마는 얼마나 기가 막혔을까.

설상가상으로 엄마가 옥살이를 하던 어느 날, 아버지가 명동 한일관으로 동생과 함께 식사하자고 나오라고 해서 나갔더니 처음 보는 아주머니와 함께였다. 속이 심상치 않았지만 화를 누르며 그분의 신상부터 들어보려고 마주 앉았다. 새엄마라고 소개하려는 찰나에 동생 손을 이끌고 나와버렸다. 그전에도 역촌동에서 함께 지내는 아줌마라고 불광동 기사식당에서 인사시킨 지 1년도 지나지 않아서였다. 집에서는 가족들을 숨도 못 쉬게 긴장시키면서 밖에서 만나는 사람들에게는 싹싹해서 인기가 좋아 늘 여자들 복이 많았다고 해도 그럴 순 없는 일이었다.

엄마의 부재로 나는 두 살 어린 동생을 챙겨야 했다. 동생은 막내로 귀엽게 자라 독립심도 없고 먹을 게 없으면 그저 앉아서 굶고 말 아이였다. 사춘기 때는 생리대 처치하는 것도 서툴러 내가 따라다니면서 뒷정리를 해줄 정도였다. 나는 방과 후 동생이 먹을 저녁을 해놓는 게 첫 번째 일과였다. 반찬으로 김치에 꽁치 통조림 넣고 김만 챙겨주면 밥 한 그릇 뚝딱 비우는 철부지 막내였다.

하루는 밥을 해서 양이 많지 않아 양재기에 담아 냄비 뚜껑을 덮어서 식지 않게 아랫목 캐시밀론 이불 속에 깊이 묻어 놓았다. 그런데 동생이 귀가해서 함께 저녁을 먹으려고 밥을 꺼냈는데 새끼 쥐가 밥 속에 들어가 있었다. 소스라치게 놀라 소리를 지르니 쥐가 장롱 밑으로 들어가는 바람에 동생과 나는 방을 쥐에게 내어주고 방 밖으로 튀어나온 적도 있었다.

우리가 살던 그 집은 당시 서대문구청 주변이 재건축되고 내곡간 고가도로가 생긴다는 정보를 미리 듣고, 월세로 살던 집을 엄마가 무리하게 빚을 내서 구매한 집이었다. 쪽방 하나와 안방이 있었고 부엌은 연탄 아궁이가 있는 흙바닥이었다. 장독대가 있었고 장독대 밑에 연탄 보관 창고가 있었다. 천장에서는 쥐들이 다다닥 뛰어다니는 소리가 났고, 쥐가 오줌을 싸서 천장이 온통 노랗게 얼룩져버렸다. 결국 내가 초등학생 때부터 받은 임명장과 공로상 등 각종 상장은 쥐 오줌으로 범벅이 된 천장을 메꾸는 벽지 용도가 되어버렸다.

엄마가 안 계시는 2개월 동안만큼은 연탄불을 꺼뜨린 적이 한 번도 없었다. 화장실은 20m 거리에 있는 푸세식 공중화장실을 이용했는데 해가 지면 외지고 무서워서 요강에 받아서 아침에 비우고 깨끗이 닦아놓는 일도 게을리하지 않았다.

식수는 100m 거리에 있는 공중 수돗가에 가서 5원씩 주고 줄 서서 길어다 먹었다. 어른들은 어깨에 지게를 지고 양동이를 양쪽에 걸고 물을 길어 갔지만 나는 중학교 1학년 때라 키도 작고 힘도 없을 때였다. 공중 수도에서 우리 집까지 오려면 양동이 두 개에 물을 나눠 담아 양쪽 손에 들고, 혼자만 걸을 수 있을 정도로 폭이 좁은 골목을 바닷게처럼 측면으로 통과해야 했다. 몇 걸음 안가 물이 가득 찬 양동이가 무거워서 출렁거리는 통에 물이 흘러넘쳤다. 이렇다 보니 집에 도착하면 물통에 물이 반 정도만 남았으므로 왕복 스무 번은 길어 와야 고무 대야에 물을 가득 채울 수 있었다. 빨간 타원형 고무 대야에 물을 찰랑찰랑 채워놓아야만 안심을 할 수 있었다. 플라스틱 처마 끝이 다 깨져서 비가 오면 빗물이 고무 대야에 들어가지 않도록 빨래판 여러 개를 덮어놓았다. 동네 어른들이 저 쪼끄만 게 물을 길어 먹으니 참 기특도 하지만, 한창 클 나이에 잘 먹지도 못하고 무거운 물통 들고 다녀 키가 안 자라면 어쩌냐고 혀를 차며 안쓰러워하는 소리를 자주 들을 수 있었다.

매일 나오는 오빠와 동생과 나의 빨래는 모아서 고무 대야에 담고 빨래판과 빨랫비누 챙겨서 아주머니들 따라 산에 빨래도 하러 다녔다. 백년산에서 내려오는 계곡물에다 빨래를 하면 깨끗하게 세탁이 잘되었다. 빨래를 해서 그 자리에서 산에 널어놓으면 볕과 바람 때문에 바짝 말라서 차곡차곡 개켜서 갖고 내려올 수 있었다. 저 고사리손으로 빨래도 야무지게 잘한다며 차주 집 아줌마는 딸 하나는 제대로 낳아놓았다, 뭐 하나 버릴 게 없다며 볼 때마다 칭찬을 해주시고 집으로 데려가 나물 반찬과 김치도 챙겨주셨다.

하루는 긴 장마 끝에 오랜만에 해가 나서 빨래하러 개울을 혼자 건너다가 센 물살에 신발 한 짝이 떠내려가 주우려다가 중심을 잃어 급물살에 몸이 휩쓸려 갈 뻔한 적도 있다. 나중에 들은 얘기인데 급물살에 휩쓸려가 행방불명된 사고가 여러 건 있었다고 하니 아찔한 경험이 아닐 수 없었다.

나는 엄마의 빈자리를 대신하며, 감옥에서 나오시기만을 학수고대하는 마음으로 희망의 끈을 놓지 않았다. 엄마는 8월 15일 광복절 모범수로 두 달 만에 출소했다. 8남매 중 엄마 곁을 지키는 아이는 언제나 나 하나였다. 언제부터인가 내 몸속 세포는 내 것만이 아니었다. 엄마를 향한 세포의 안테나도 자동 세팅되었다. 상업학교를 졸업해서 대기업이나 은행 취업 후 빚더미에 눌려 있는 엄마를 자유롭게 해드리고 싶은 것이 가장 큰 소망이었다. 여자로서, 엄마로서 낮아진 자존감을 회복할 길을 찾아드리고 싶었다.

어린 나이에 돈이 곧 경쟁력임을 알아차리고 인생 궤도 설정을 할 수 있었던 것도 그 이유에서였다. 전생에 지은 죄가 많아서라며 업보와 팔자 탓으로만 돌리고, 빚이 얼마나 무서운지에 대해 분별력을 잃고, 사채를 빌리기 위한 혈안으로 세상과 타협을 쉽게 하는 내 엄마의 가이드가 되어드리고 싶은 마음이 간절했다.

지금도 소천하신 엄마가 보고 싶으면 최진희의 '천상재회'를 들으며 고생만 하다 천사가 되신 엄마를 공기 중에서라도 느껴보려 한다. "네가 나를 가장 살뜰히 챙겼었지."라며 고맙다고 하시면서 내가 힘들 때를 잘 아시고 나의 구원투수가 되어주신다고 믿고 있다. 엄마에게 자산을 물려받지는 못했지만 큰 교훈을 물려받아 감사드린다.

그 덕에 지금을 잘살고 있는 내 삶의 1순위 키워드는, '돈은 남에게 빌려주지도 않고 빌려 쓰지도 않는다'이다. 자동차, 부동산, 창업자금 등 큰 금액의 유동자산을 움직일 때도 현금으로 준비해서 구매를 하거나, 사업을 진행하는 소비패턴을 가지고 있다. 지출 중에서 이자 나가는 걸 제일 아까워하기 때문에 NO 대출, NO 이자 주의로 사는 게 나의 철칙이다.

내 인생의 풍차

네 살 때인가 엄마 등에 업혀 영화를 보러 동네의 큰 극장 안으로 들어갔다. 출입구를 지나면 검은 긴 커튼을 젖히고 들어가야 했는데 커튼을 젖히는 순간 바닥 밑에 떨어져 있는 파란 장지갑을 엄마는 한 치의 망설임도 없이 냉큼 주우셨다. 집에 돌아와 확인해보니 파란색 뭉칫돈이 가득 채워져 있었다. 나보고 역시 너는 우리 집 복덩이라고 하면서 엄마는 너무 행복해하셨다. 죽으라는 법은 없다며 이 돈 가지면 몇 달은 걱정 없이 살겠다고 생기 있게 환히 웃으시던 모습이 아직도 기억 속에 또렷이 영상으로 남아 있다. 공돈이 그리도 좋으셨나 보다.

그러고 며칠 지나지 않아 내 몸에 원인 모를 증세가 나타나기 시작했다. 열이 나기 시작하면서 시름시름 앓고, 먹는 것마다

게워내고 설사를 하기 시작했다. 동네 의원 몇 군데를 다녀보았지만 열이 내리지 않아 호전되지 않고 탈수 증상까지 지속되었다. 병명을 알 수 없다고 했다. 여러 날이 지나면서 결국 나는 탈진으로 대소변을 간신히 스테인리스 요강에 받아내기 시작했다. 시간이 지나도 호전은커녕 요강에 앉을 힘마저도 없어졌다. 병세가 급속히 진행되어 결국 누워서 대소변을 받아낼 만큼 병환이 깊어져만 갔다. 설상가상으로 설사가 심해지다 보니 항문 쪽 괄약근이 느슨해져 자궁 속에서 주먹만 한 크기의 새빨간 핏덩이가 몸 밖으로 흘러 나왔다. 몸에 붙어 있는 '밑'이 빠진 거라고 기억한다. 힘주지 않아도 뜨거운 핏덩이가 뭉클 나와 엄마가 다시 강제로 집어 넣어주면 다시 나오고를 반복하며 나는 꼬챙이처럼 말라갔다.

엄마는 수소문 끝에 나를 둘러업고 경기도 금촌 산속에 있는 용하다는 한약방을 데려가셨다. 거의 1년을 인천에서 파주까지 왕복 네 시간 이상을 오가며 한약과 침으로 치료를 받게 되었다. 한약이 독해 머리는 곱슬머리로 변해가는 기이한 현상도 보였다. 장대 침이 너무 크고 길어 내 몸은 피멍투성이였다. 엄마는 일어서는 것은 물론이고 대소변을 가리지도 못하는 네 살짜리 다 큰 아이에게 천 기저귀를 채워서 등에 업은 채로 장거리 치료를 예약된 날 단 하루도 거르지 않고 다니셨다. 그러면서 차츰차츰 다리에 힘이 생기고 몸에 원기를 찾아가기 시작했다. 핏기가 없던 얼굴에 생기가 돌아왔다. 드디어 엄마가 나를 살려내셨다. 너는 죽을 고비 넘겨서 장수할 거라고 덕담까지 하셨다.

현대병으로 치자면 무슨 병이었을까? 그로부터 성년이 될 때까지 믿기지 않을 만큼 8형제 중 잔병치레 한번 안 하는 건강한 아이로 성장해왔다. 그 이후로 길에서 발견한 분실물은 줍지 않는다. 정체 모를 물건도 집으로 들이지 않는다. 영국 앤티크를 무척 좋아하지만 누가 썼는지 알 수 없어서 앤티크보다는 제작된 물건을 구매한다. 백화점이나 전자제품 매장에서도 진열 상품을 싸게 준다고 권해주어도 정상가를 지불하고 새 상품을 선택한다.

1968년 3월 인천 용현초등학교에 입학했다. 입학식 날 보통 부모님과 일가친척들이 동행하는데 나는 씩씩하게 혼자 참석하는 걸 당연시했다. 당시 엄마는 인천 독쟁이 시장에서 반찬가게를 운영하셨다. 깔끔하고 정갈한 솜씨로 정평이 난 3호 집 반찬가게. 배추김치와 오이소박이, 무장아찌, 깻잎, 젓갈 등을 만들어 팔아 생계를 책임지고 계실 때였다. 일곱 번째 딸의 입학식 따위는 안중에도 없는 게 당연했다. 나 역시도 떼쓰거나 툴툴거리지 않고 군말 없이 혼자 입학식에 다녀왔다. 그렇게 시작된 초등학교 1학년 학교생활을 멋지게 적응해나갔다.

담임선생님은 연세 지긋한 여성으로 엄마와 비슷한 연배 같았다. 선생님은 내게 유난히 시선을 많이 주고 총애했었다. 그때는 학생 수가 많았는데 나는 70명 중 67번이었다. 키가 커서 거의 맨 뒷자리에 앉게 되었다.

입학 후 두 달 정도 지났을까? 음악 콩쿠르가 열리는데 독창 부문에 나를 참석시켰다. 제목은 '숲속의 매미'로 전문가의 트레이닝도 받지 못했지만 다듬지 않고도 배짱 좋게 나가 떨지도 않고 불러 장려상을 받았다. 인천 공설운동장에서 열리는 각 학년 대표 불자동차 그리기 대회에도 1학년 대표로 추천받아 대회에 참가했다. 공설운동장에 빨간 불자동차 두 대를 세워놓고 직접 보면서 그리는 대회였다. 나는 '가작'이라는 상을 받았다. 글짓기 대회도 권유받아 참여하여 제목은 기억나지 않지만 은상을 받았다.

왜 선생님은 검증도 되지 않은 나를 행사 때마다 세웠을까? 나는 또 왜 거절을 단 한 번도 하지 않고 배짱 좋게 무대에 섰을까? 지금 생각해보면 떡잎이 다른 애들보다 컸나 보다. 그래서 선생님 눈에 잘 띄어 발표도 나만 시키고 관심도 많이 두셨나보다. 아마 그때부터 나는 찬스에 강했나 보다. 나에게 재능이 있는지 스스로 경험 삼아 확인해볼 수 있는 절호의 기회라고 여겨서 뒤로 빼지 않았나 보다.

1학년 점심시간, 나는 엄마가 새벽에 반찬 만드느라 바쁜데 도시락까지 싸달라는 말이 나오질 않아 도시락 없이 등교 했다. 당시에 엄마는 내게 관심 가질 경황도 없었고 내가 이야기를 따로 하지 않았기 때문에 도시락을 못 챙겨준다는 것조차 모르고 계셨다. 그러던 어느 날, 어떻게 알았는지 똑똑하고 착해 보이는 앞자리에 앉은 친구 지영이가 다가와서는 자기가 밥과 반찬을 넉넉히 챙겨왔으니 함께 나누어 먹자고 제안해왔다. 흔쾌히 받아들여 그날부터 도시락은 수월하게 해결해서 더 이상 점심시간을 피해서 바깥에 나가는 일은 없게 되었다.

그 후로 그 친구를 나의 유일한 롤모델로 삼았다. 지영이는 남동생과 인하공대 교수 아버지, 초등학교에서 교편을 잡고 계시는 어머니와 함께 교수님들에게 제공되는 교수촌에서 따뜻하고 화목한 가정의 보살핌을 받는 친구였다. 예의도 바르고 소신 있게 행동했으며 발표할 때 보면 아는 게 매우 많은, 똑똑하고 군더더기 없는 학급에서 우수한 친구였다.

토요일만 되면 방과 후 바쁘게 서둘러 귀가하는 친구에게 너희 집에 놀러 가도 되냐고 물었다. 토요일 한 시간 동안 공부하고 있는 게 있는데 끝날 때까지 기다려줄 수 있다면 그러자고 했다. 그래서 동행한 곳이 성당이었다. 기다리면서 창문 너머로 보니 수녀님과 몇몇 아이들이 도란도란 앉아 교리 공부를 하고 있었다. 부러웠다. 나도 합류하고 싶었다.

교리 공부가 끝나고 지영이 집에 놀러 갔다. 집에는 거주 도우미 아주머니가 계셔서 식사를 풍성히 챙겨주셨다. 집이 넓고 방이 여러 칸이라 술래잡기를 하면서 놀던 어느 날. 숨는 곳마다 위인전, 세계 어린이 문학전집, 소년 · 소녀 동화전집 등등 책이 넘치고도 넘쳤다. 지식이 풍부하고 여유 있는 지영이의 장점은 책과 환경에서 영향을 받은 것임을 알아차릴 수 있었다.

지영이가 책을 읽고 있을 때 나는 엄마를 염려해야 했고, 궁핍에서 오는 위기로 마치 살얼음판을 걷는 것과 같은 삶을 경험하고 있었다. 나는 그날부터 단짝이 된 지영이의 집에 자주 놀러 갔다. 그 아이가 느끼는 감정과 사고를 최대한 공유했고 그녀의 의견을 물어 경청했으며 좋은 습관들은 벤치마킹했고 가능한 한 그 애의 라이프스타일을 복제하려고 애쓰며 시간을 보냈었다.

십수 년 전 다시 이대 앞에서 만났던 친구는, 이화여고와 이화여대 영문과를 나와 이화여대 교수로 임용되어 유학을 준비하고 있었다. 그녀의 좋은 습관과 라이프스타일이 그녀의 인생을 순조롭게 흘러가게 함을 재회하여 확인할 수 있어서 더욱더 기뻤고 그녀의 잘 풀린 모습을 보며 감사함을 느낄 수 있었다.

너는 누구니?

김이령 지음

지금까지 너의 여정 중
최고의 선택을 위해 애썼던 너는 누구니?

나는 창조주의 작품이며 선물이다.
나는 이곳에 내가 오고 싶어 온 게 아니라,
그분이 초대해 주셔서 왔다.

이곳에 와서 보니
엄마 없는 하늘 아래 외딴섬에 덩그러니 나만 홀로 놓여 있었다.

내 곁에는 아무도 없었기에,
춥고, 두려움 뒤에 찾아오는 무서움을 견뎌내기 위해

스스로 엄마가 되어 주었고,

스스로 아버지가 되어 주어야만 했다.

자신에게 친구가 되어 주었고, 굳건히 성장해야 했기에,

스스로 희망을 주었고,

스스로 소망을 빌어주며

지름길을 찾느라 한시도 정신줄을 놓을 수 없었던 나.

매 순간 두 갈래 길에서 최고만을 선택하고 싶었던 간절함으로

나 되어 가는 삶의 길을 만들 수 있었다.

희망은 일상이 되었고,

소망은 습관이 되었으며,

최고의 선택을 위해 지금까지 외딴섬에서 애써온 초대자의

모습이다.

나는 창조주의 작품이며 더없이 소중한 선물이다.

내 삶의 1순위 키워드는,
'돈은 남에게 빌려주지도 않고 빌려 쓰지도 않는다'이다.

소리, 감각, 타이밍

나의 일관된 계획대로 여자 상업고등학교에 지원했다. 중3 담임선생님은 대학 진학을 포기하기가 아까우니 원서를 쓰기 전에 부모님을 한 번만 모셔오면 좋겠다고 하셨다. 나의 가정사를 모르시는 선생님의 제안이었다. 당시 엄마는 출소 후 외숙모가 다른 곳으로 모셔놓아 행방이 묘연할 때였고 아버지께서는 나는 그런 거 잘 모르니 본인이 원하는 대로 하라고 답변하실 게 뻔했다.

결국 내가 오래전부터 계획한 대로 장학금 혜택을 보기 위해 커트라인을 최대한 낮춰 상업고등학교 2부에 지원서를 써냈다. 내가 진정으로 지망하고 싶었던 학과는 따로 있었다. 의상디자인학과나 실내인테리어학과 공부를 해보고 싶었지만 엄마 얼굴만 떠올리면 나에게 대학은 사치였다. 또 맘 편히 제대로 공부할 수 없는 상황에서 쥐어짜듯 공부하는 건 내가 원하는 바가 아니었다.

낮에는 중학교 서무실 서무보조 일을 보면서 밤에는 학교 수업을 받았다. 낮에 돈 벌면서 학교에 다닌다는 게 해보니 만만치가 않았다. 서무보조 일이 잡무가 많다 보니 제때 끝내주질 않아 지각하지 않으려고 발을 동동 구른 날이 하루 이틀이 아니었다. 수업은 주산, 부기, 타자 등 기능 수업 위주였다. 적응력이 없는 편이 아닌 나였지만 야간학교 등하교나 기능 수업, 거친 면학 분위기 등이 낯설어, 거의 한 학기는 울면서 학교생활을 했다.

나는 졸업 전에 학교 추천을 받아서 선호하는 직장에 취업하려면 학교 수업만으로는 원하는 급수 취득이 어렵다는 결론을 내리고 6개월 만에 서무보조 일을 정리했다. 낮에는 학원에서 주산, 부기 보충수업을 열심히 받았다. 당시 상고 지원 학생들 중에는 취업이 절박해서 온 아이들보다는 대학 가기 싫거나 공부에 취미를 못 붙여 낮에 놀기 위해 야간반을 지원한 친구들도 있었다. 하나같이 학원 시설 자체도 열악하고 화장실만 가도 남학생들이 삼삼오오 모여 학생의 신분을 벗어나 도를 넘는 행위들을 보이며 면학 분위기가 잡혀 있지 않았던 당시는, 좋은 학원을 찾기란 그리 녹록지 않을 때였다. 그렇지만 기능 수업은 받아야 해서 늘 위태로운 마음으로 학원에 다녀야 하는 게 가장 힘들었다. 환경 적응이 어려워도 주산 2급, 부기 3급, 타자 2급 급수를 갖추면 입사 지원 때 경쟁력이 있었기 때문에 그 조건을 취득하기 위해, 정신 똑바로 차리며 묵묵히 수업에만 전념했다. 타자 수업이 제일 적성에 맞고 재미있어서 타자는 학교 선수 반에 들어가 대회도 참여하며 학교생활에 차츰 적응해나갔다.

1학기 내내 교우들과 교류를 단절하고 홀로 지냈지만, 2학기 들어서는 귀가할 때 혼자가 아니었다. 모범생 친구가 두 명이나 생겼다. 집 방향이 같으니 혼자 다니지 말고 함께 다니자는 두 친구의 권유가 있었지만 낯을 심하게 가리는 데다 어울리기가 싫어서 시침 떼고 혼자서 다녔었다. 그런데 그 친구들은 내가 청소하는 날에도 한결같이 함께 기다려주는 의리를 보였다. 셋이 어울려 버스 타고 다니니 외롭지도 않고 속도 깊고 살뜰하게 챙겨주려는 열린 모습에 감화되어 마음의 빗장을 활짝 열게 되니 그때부터 학교생활이 친근해졌고 표정도 한결 명랑해졌다. 너무 쌀쌀맞고 깍쟁이 같아 접근하기가 조심스러웠는데 알고 보니 허당이고 누구보다 헛똑똑이라며 늘 먼저 챙겨주는 절친이자 베프들이었다. 알고 보니 한 친구는 중학교 과정을 검정고시로 통과해 고등학교를 전교 1등으로 입학한 친구였고, 또 한 친구도 장학금을 받으려고 야간반에 지원했으며 전교 2등으로 들어온 상위 5% 이내 재원들이었다. 두 친구는 3년 내내 장학금을 받고 우수한 성적으로 졸업했다.

첫 번째 친구는 줄곧 전교 1등을 사수하더니 3학년 1학기 때 학교 추천으로 한국은행에 입행이 확정되었고, 두 번째 친구는 영어도 잘하고 머리가 좋아 성적은 우수했지만 사회 적응력이 부족하다고 스스로 판단해 취업을 나가지 않고 한량처럼 해외여행을 다니다가 여행 중 만난 프랑스 남자와 결혼한다는 소식을 전해왔다. 나는 3학년 말에 증권사와 대기업 L사를 추천받았으나 가장이었던 나는, 회사 브랜드나 인지도 보다는 실리를 택하여, 연봉이 높은 개인 회사를 선택했다.

나의 첫 부임지는 해운회사 자금 파트였다. 해외운송 및 선적 관련 업무를 담당하고 자금을 집행하는 총괄 부서였다. 당시는 텔렉스로만 해외 송수신을 처리할 때였다. 해외에서 운임이 들어오면 주거래은행인 미쓰비시 은행에서 자금 입출금 업무와 문서 타이핑 등 회계 기장 일을 담당하고 있었다.

입사 후 6개월쯤 되었을까? 자금부는 비서실과 같은 층을 쓰고 있었다. 비서 한 명이 회장님과 사장님 두 분을 함께 모시면서 업무를 보다가 회장실 확장 리뉴얼 공사로 층간 이동이 있었다. 비서 언니는 명문대 비서학과 출신의 지성과 미모를 겸비한 재원이었다. 사장님 비서 자리는 공석으로 비워두고 언니가 회장님만 따로 모시게 되자, 총무부장님이 내게 간청해왔다. 언니의 지인인 국영기업 회장실에 근무 중인 숙대 선배를 스카우트하기로 내정되어 있으니 후임자가 올 때까지만 자금부 일과 병행해서 사장님을 보필해달라는 것이었다.

자금 파트 업무 파악도 덜 된 상태에서 전문적인 스킬을 요하는 비서 업무까지, 내 입장에서는 무리가 아닐 수 없었다. 자금부의 부장님은 "왜 하필 미스 김이냐? 총무 파트에서 충원하라."며 의견 대립을 보이셨다. 총무부장님은 잠시라도 사장님을 아무에게나 모시게 할 수는 없으니 한 달만 부탁하자고 해서 충원 때까지만 자금부 일과 비서 업무 두 가지 일을 병행키로 했다.

사장님은 조간신문 〈일본경제신문〉을 포함해 일곱 가지를 보셨고 석간도 〈매일경제〉 포함 여섯 종을 디테일하게 훑어보셨다. 일일이 지시하시지 않아도 해운 정보나 이란, 이라크 사태 등 긴급뉴스 등을 스크랩해서 파일을 만들어드렸더니 놀라워하시며 "미스 김아, 너는 비서 피가 흐르네. 자네는 비서가 천직이데이."라며 위트있는 애정을 보내주셨다.

매일 조찬모임에 참석하셨다가 출근을 하시면 꿀을 듬뿍 넣은 따끈하고 달달한 유자차로 하루를 시작하시게 했다. 따뜻한 엽차를 따라놓은 잔은 상시 비워지지 않게 했고, 식간에 다양한 과일을 챙겨드리는 것은 필수였다. 입이 짧으셔서 조금씩 자주 드시는 식성도 살펴드렸다. 그 외에도 사소한 것들을 불편하지 않도록 알아 차려드리니 "니 귀신이가? 내 속에 들어와 있나?" 하셔서 부장님들과도 웃을 기회를 만들어 주셨다.

비서는 일일이 지시를 내리지 않아도 소리, 감각, 타이밍으로 모시는 상사의 니즈를 감지해내는 센스가 요구된다. 그러려면 밀착과 집중밖에는 없었다. 내가 지향하는 섬김의 방식이다. 순발력 있는 보필을 위해 문서 타이핑과 서류 기장 업무를 위한 살림살이를 당분간 부속실로 옮겨달라고 요청했다.

구 사장님은 정·재계를 아우르는 가교 역할을 하셨는데, 성품은 온화하셨지만 매우 섬세하셔서 극도로 예민한 반응을 보이실 때도 종종 있었다. 사장님과 통화하는 내전자들은 한국은행 총재, 산업은행 총재, 상업은행장, ○○은행장, 서울신탁은행장, 제일은행장, 각 기업의 총수, 정·재계를 아우르는 전경련에 소속된 기업 총수들과 각 학계 박사들, 중견 언론인들의 친목단체인 관훈클럽 멤버들까지 주를 이루었다. 들어오고 나가는 전화를 격에 맞게 잘 받아야만 상대에게 결례를 범하지 않을 수 있는 위치에 계셨으므로, 구 사장님의 비서 역할을 제대로 해내려면 수직관계와 서열에 대한 감이 빨라야 했다. 상위 1% 분들은 상대에 대한 격조와 결례의 명분을 만들고 싶지 않아 하신다는 걸 알아차릴 수 있었다.

만들지 말고 연결하라

서툴지만 사장님의 손발이 되어드리며 호흡을 맞추어간 지 한 달이 안 되었을 때쯤 국영기업 비서실에서 오기로 내정되었던 새 비서가 약속된 날 첫 출근을 했다. 나는 제 위치로 돌아왔다. 그러나 새 비서가 부임한 이후에도 필요한 게 있으시면 인터폰으로 미스 김만 찾으셨다. 과일을 깎아내는 솜씨가 마음에 안 들어서 그러시나 해서 직접 깎아서 새로 부임한 언니에게 드리도록 했다.

어느 날은 전직 장관님과 오찬을 드시고 함께 내방하셨을 때도 자금부로 직접 오셔서 인삼차를 주문하셨다. 입맛에 안 맞아서 그러시나 해서 평소대로 잣과 대추를 띄워서 비서 언니에게 가져다드리게 했다.

어느 날에는, 산업은행 총재실에서 전화가 걸려왔다. 그럴 때는 유선으로 총재님이 나와 계시기 전에 구 사장님이 먼저 수화기를 들고 대기 후 총재님께 먼저 인사를 올릴 수 있도록 연결하는 기본적인 응대법에 미스가 생겨 사장님 입장을 매우 불편하게 해드리는 등 언니의 미흡함이 드러났다. 국영기업체 회장님을 모셨기 때문에 잘할 거라 기대하고 스카우트했는데 구 사장님이 도무지 탐탁치 않아 하시는 것을 아신 두 부장님은 날마다 좌불안석이셨다.

비서 일은 가르쳐서 안 되는 일도 있다는 걸 알게 되었다. 계속 헛기침을 하면서 전화 받는 매너나 또박또박 명료하지 않은 발음까지 체크하셔서 부장님들께 컴플레인을 넣으신 후 사장님은 계속 미스 김만 찾으셨다.

드디어 사장님께서 두 부장님을 방으로 부르셨다. 미스 김을 비서실로 발령 내고 부서에는 신입을 다시 채용하라는 사장님의 주장은 강경하셨다. 자금부의 부장님은 미스 김은 우리 부서에서도 필요한 인재이니 비서를 다시 구해보겠다고 제안을 했다. 총무부장님도 정색을 하며 대외적으로 전문 비서를 채용해야 모양새가 맞다고 만류하셨지만 사장님은 미스 김을 비서실로 보내라고 고집하셨다. 사장님이 개입해서 인사권을 주장하시니 두 분 모두 사장님의 뜻을 존중해드리기로 결정을 내리셨다.

"미스 김, 구 사장님이 너만 찾으신다. 가거라!!"

새 비서 언니는 근무한 지 한 달이 채 안 되었지만 월급을 채워서 지불하고 총무부서와 합의하에 사직하는 것으로 결론을 내렸다. 그 소식을 전해 들은 회장실 언니가 조용히 나를 회장실로 불렀다.

"네가 뭔데 구 사장님과 신임 비서 중간에 개입해서 그녀를 무능한 사람으로 몰아가냐! 구 사장님이 너를 찾아도 비서에게 부탁하라고 선을 그었어야 하는 게 아니냐!"

마치 나 때문에 신임 비서가 실직된 것처럼 나를 매우 질이 나쁜 아이로 몰아갔다.

"이 이야기를 어디 구 사장님 앞에서 직접 해 보시지요!"

나는 더 이상 말을 섞을 필요를 느끼지 못해 무시하고 내려왔다. 생각할수록 억울하고 분해서 밤새 울었더니 눈이 퉁퉁 부어 회사에 나갈 수가 없었다. 내가 뭘 잘못했는지 알 수가 없었다. 소신껏 대처했을 뿐인데…. 그런 사납고 무례한 언니와 같은 공간에서 근무할 자신이 없어졌다.

다음 날 몸이 아프다는 핑계로 결근을 했다. 내부적으로 무슨 이야기가 돌았는지 총무 부장님이 기사를 대동해 회사 차로 집까지 태우러 오셨다. 나는 방문을 잠그고 그냥 돌아가시라고 만나드리지 않았다.

"미스 김! 사장님 오늘 골프 갔다가 오셔서 미스 김 안 나온 거 아시면 무슨 일인지 물으실 거고, 알게 되시면 회장실 언니가 입장이 곤란해질 테니 사장님 오시기 전에 얼른 가자." 애원을 하셨다. 연세가 많으신 어르신이 좌불안석으로 자존심 내려놓고 하찮은 신입사원 집까지 행차하신 게 송구스럽기도 해서 마음을 바꾸고 따라나섰다. 회장실 언니에게는 정식으로 사과받고 구 사장님의 비서로 임명받아 부속실 생활이 시작되었다.

해운사에서 배 한 척을 사려면 막대한 자금이 필요했다. 그러나 여러 척의 배를 보유하고 있다 하더라도 시장경제를 타진해보고 기업 이윤을 고려해보았을 때 새로운 항로의 추가 확보가 불가피하다면 선적 구매를 위한 프로세스를 적극 추진해야 했다.

선박 자금을 대출받으려면 IBRD(국제부흥개발은행)에서 지원해주는 자금을 산업은행을 통해서 지원받을 수 있었다. 산업은행에 제출되는 차관 서류는 일일이 타이핑 작업으로 이루어졌으며 책 한 권이 나올 만큼 분량이 많았다. 자금부의 대리 한 분과 밀착해서 집중 작업을 했다. 차관에 필요한 서류가 완성되면 오타나 문맥 오류가 있는지 확인하는 일 또한 타이피스트가 직접 해야 정확도를 높일 수 있었다. 차관 서류 작업은 이처럼 심혈을 기울였던 막중한 프로세스였다.

검토 작업까지 완벽히 마친 후 바짝 긴장을 늦추지 않고 사장님께 서류를 올려드리면 들춰보시지도 않고 "미스 김! 이 서류 다 체킹되었제?" 대뜸 물으신다. "여러 차례 검토 끝냈습니다." 하고 말씀드리면 "오케이! 알았데이!" 하시며 더 이상 묻지도 따지지도 않으시고 "윤 부장! 서류 준비되었으니 산업은행으로 바로 서류 넘깁시다!" 하신다.

지나칠 정도로 매사에 무조건 믿어주시고 존중해주셨던 구 사장님. 나의 영원한 VIP, 정신적 롤모델, 내가 가장 존경했던 큰 어른이시다. 나는 지금까지 살아오면서 경영인을 떠나 이 분만큼 따뜻하고 다재다능한 상남자를 만나본 적이 전무후무하다.

비서 업무는 한 분만을 위해 존재한다고 생각지 않았다. 한 분을 잘 보필함은 기본이고 여러 채널의 안테나를 세워놓고 독방에서 혼자 계실 사장님이 정보나 소식에 차단이나 고립이 되지 않도록 사내의 정보를 취합해서 일일이 다 보고드렸다. 또 회사 내에서 사장님을 너무 어렵게만 생각해서 괴리감을 갖지 않도록 매사에 다리 역할을 했다. 소통의 통로를 열어놓고 때로는 악역도 자처했다. 전하기 꺼려하는 중역들의 애로 사항을 절대 마다치 않고 조금은 무례하다 싶을 정도로 사장님께 부탁을 드려 본의 아니게 결례를 드린 적도 있다. 그러나 김이령의 부탁이라면 웬만하면 통과시켜주시는 센스 100단에 유머와 위트까지 겸비하신 틈을 넓게 갖추고 계신 분이었다.

2007년쯤 동향과 건강 상태는 어떠신지 궁금하기도 하고 문득 뵙고 싶어 안부 전화를 드렸더니 한번 만나서 식사하자는 제안을 해주셨다. 도곡동 한정식집에서 만나 식사를 나누며 "그동안 뭘 하면서 어떻게 살고 있었냐? 여자 혼자 사느라 얼마나 힘들겠노! 니 참 용테이!" 하시고 "어디서 살고 있냐?"며 궁금해하셨다.

"4년 전부터 타워팰리스 E동에 거주 중이며 염려 덕택에 씩씩하게 잘살고 있습니다."라고 했더니 "잘 되었다." 대견해 하셨다. 세월이 많이 흐른 후에 뵈어도 신체는 많이 불편해 보이셨지만 정신과 영혼은 여전히 해맑고 건강하셨다.

그리고 2015년 4월에 소천하셨다는 부고 소식을 지면 기사로 접할 수 있었다. "구 사장님! 사장님은 제가 만난 첫 번째 선생님이셨습니다. 사장님을 떠올리면 지금도 가슴이 설렙니다. 사랑합니다!"

◆ 환희의 삶, 내가 이렇게 사는 이유는?

빛

김이령 지음

나는 안 착할 것 같은데
사실은 착합니다.

나는 똑똑할 것 같은데
사실은 헛똑똑합니다.

나는 잘 싸울 것 같은데
사실은 못 싸웁니다.

나는 강할 것 같은데
사실은 강하지 못합니다.

나는 잘 울지 않을 것 같은데
사실은 잘 웁니다.

내가 이렇게 사는 이유는 빛을 추구해서입니다.

개념

나는 나약할 것 같은데
결코 나약하지 않습니다.

나는 친절할 것 같은데
결코 아무에게나 친절하지는 않습니다.

나는 상대를 잘 섬길 것 같은데
결코 아무나 섬기지는 않습니다.

나는 정중할 것 같지만
결코 아무에게나 정중하지는 않습니다.

내가 이렇게 사는 이유는 개념을 추구하기 때문입니다.

변화

나는 야무질 것 같은데
진정, 야무지지 못합니다.

나는 똑 부러질 것 같은데
진정, 잘 휘어집니다.

나는 급할 것 같은데
진정, 차분합니다.

나는 못 기다릴 것 같은데
사실은, 잘 기다립니다.

내가 이렇게 사는 이유는 변화를 추구하기 때문입니다.

그럴 듯도 하고

아닐 듯도 하지만

사실은 그렇습니다.

내가 이렇게 사는 이유는

공기, 빛, 온도, 습도에 따라 변화되는

카멜레온 같은 변화의 삶을 추구하기 때문입니다.

se LE ction

일, 사랑, 변화로 이끄는 선택

인연 그리고 운명

일본의 이시카와 사장님으로부터 빈번하게 전화가 걸려오던 한 해였다.

곤니찌와! (안녕하세요!)
영진해운 슈스트데스! (영진해운 비서실입니다!)
미스 김데스? (미스 김입니까?)
구샤쪼우 이라샤이마스까? (구 사장님 계십니까?)
이시카와샤쪼우 쇼쇼마찌 구다사이. (이시카와 사장님, 잠시만 기다려주세요.)

아침에 한 시간 일찍 출근해서 회의실에 모여 일본어 레슨을 받게 되었다. 일본 이시카와 사장님과의 소통을 위해 영업부 직원들과 두 비서를 위해 마련된 강좌였다. 오전 시간에 전화 통화 업무가 바쁜 나는 레슨비를 따로 받아서 퇴근 후 학원에서 수업을 받았다.

히라가나와 가타카나를 기초부터 배웠다. 이외에도 탁음, 반탁음, 요음, 촉음 등 공부할 분량이 참 많았다. 밤이 되면 불야성같이 화려한 종각의 중심에 위치한 학원에서 수업을 받았다. 여성과 남성 모두 합쳐 다섯 명 정도의 소그룹으로 수업이 진행되었다. 하루도 거르지 않고 열심히 수업을 받으며 일본어 수업에 재미를 솔솔 붙여가고 있었다.

자기소개와 질문과 답변을 일본어로만 나누는 수업이 진행되던 어느 날이었다. 때는 한여름. 푹푹 찌는 무더위가 이어지고 있었는데 선선한 초가을 날씨에나 입을 옥스퍼드지 소재의 스카이블루색 긴팔 남방을 입고 더운지 팔소매는 둘둘 말아 걷어붙인 채 굵은 땀방울을 뚝뚝 흘리면서 질문 시간인데도 수업에 집중하지 못한 채 고개 숙여 필기만 하고 있는 남성이 눈에 들어왔다.

여름 장마에 실내 습도가 높아지면 느껴지는 끈적거림을 싫어했던 나는 핸드백에 늘 접이식 부채를 챙겨 다녔다. 그렇게 상대의 눈도 제대로 못 마주치고 열심히 필기만 하고 있는 그 남성의 책상 위에 넌지시 부채를 올려놓고 손으로 밀어서 전달해주었다.

그렇게 빌려준 부채는 다음 날 수업 시간에 만나서 돌려받았다. 그 계기로 홍은동과 역촌동 집 방향이 서로 비슷하다는 명분을 만들어 광화문 교보문고 버스정류장까지 수업 끝나고 동행하며 시간을 함께 보냈다. 자주 가는 단골 빵집 크라운베이커리에 방앗간 참새처럼 매일 들러서 빵과 팥빙수를 먹으며 자연스럽게 친해져 갔다. 나중에는 퇴근 후 학원 가는 길목, 견지동 공평빌딩 고려당 앞에서 비가 오나 눈이 오나 기다리고 있다가 학원까지 에스코트를 받았다.

국제종합건설은 1980년대 국제적으로 인지도가 급상승한 유명 건설사였다. 서울에서 초고층 빌딩으로 꼽을 만한 건물 중 하나는 단연 31빌딩이었다. 종로2가와 청계천2가 사이에 위치해 있었으며 국제종합건설도 31빌딩에 입주해 있었다. 학원생 중 국제종합건설 해외영업부에 소속된 남학생들도 있었다. 그들은 제가 아닌 젯밥에만 관심을 두는 남자들 같았다. 그들은 매월 종강 파티 날만 기다렸고 남이 애써 필기한 노트를 빌려 달라고 했다.

이런 매너 없는 남자들과는 사뭇 대조적으로 필기에만 집중하는 '고○○'으로 불린 학생이었다. 아빠 바지를 빌려 입고 나온 건 아닌지 착각이 들 정도로 허리는 널널했고 바지 기장도 긴 배기바지 스타일에 아랫단을 접어 올린 10부 팬츠 착용에 다림질도 안 된 듯한 긴팔셔츠에 접어올린 소매단의 패션 코드는 해석이 불가했다. 본인은 화공과를 전공했으며 일본 전자 회사에 근무하고 있다고 소개했다. 그는 늘 시간에 쫓기듯 뭔지 모르게 불안정해 보였고 고개를 들고 주변을 둘러볼 만한 여유조차 갖고 있지 않아 보였다. 학원 수업도 결석이 잦았고 회식 때도 중간에 슬그머니 사라져 보이질 않았으며 이마에는 늘 땀방울이 맺혀 있었다. 열심히 사는 것과 잘 사는 것 사이에서 경계를 못 짓는 사람으로 보였다.

그날도 뭔지 모르겠지만 국제종합건설 사람들처럼 뺀질뺀질하고 유들유들한 남성들의 호기나 객기와는 대조적으로 고개를 떨군 채 땀 흘리며 열심히 필기만 하는 우유부단함이 느껴져 그에게 시선이 멈추었던 것 같다. 그에게는 흐르는 땀방울을 닦을 수 있는 손수건이 필요했지만 내게는 손수건이 없어서 부채로 대신 도움을 주고 싶었다.

내게는 가족의 상(像)이 없다. 아버지의 상도 없다. 남자를 보는 기준도 더더욱 갖추지 못했다. 여자를 보호해주고 아껴주고 자신보다 더 사랑해주는 남자가 나타나면 마음의 문을 즉시 열겠다는 성숙하지 못한 남자에 대한 틀을 설정해놓고 있었던 것 같다. 내 기준의 잣대는 아버지와 정 반대의 성향만 갖으면 호감을 갖었던 것 같다. 이 얼마나 미성숙한 잣대였는지 나중에 깨닫게 되었지만 말이다.

비서 업무는 퇴근 시간이 없다고 생각했다. 사장님이 골프 나가셨다가 그늘집에서 전화를 주신다.

"미스 김! 토요일이니 일찍 퇴근해서 데이트도 하고, 영화도 보면서 재미있게 보내라. 바로 퇴근해."

그럼 우선 알겠다고 답변은 드려놓는다. 그러나 사장님의 외투와 구두가 사무실에 있기 때문에 사장님은 아직 퇴근을 안 하신 거라 여겼다. 나는 아직 업무가 끝난 게 아니라고 생각하고 오실 때까지 기다렸다가 외투 입혀드리고 구두 챙겨드리고 엘리베이터 단추 눌러 보내드린 후, 최종 사장님 방 정리는 내 손으로 확인해야 비로소 퇴근을 했다. 누가 시켜서가 아니라 사소한 부분까지도 맡은 바 일에 대한 내가 정한 시스템이었고 내 규칙이었다.

그러나 회사 밖에서 나를 기다리고 있는 한 남자는 주말에 나를 만나려면 커피숍에서 족히 책 서너 권은 준비해서 기다려야 했다. 나야 내 일이니까 성취 후 보상에 대한 대가라고 만족해 한다지만 그는 재촉하거나 낯빛 한 번 붉히지 않고 기약 없는 기다림을 3년 동안 인내하며 곁을 지켜주었다.

사장님께서 늦은 비행으로 해외 출장에서 돌아오시는 날이면 사장님 회사 도착 시각이 너무 늦어져서 밀린 결재 마무리로 정리하고 나면 집에 데려다주기도 바빠 데이트할 시간이 나지 않는 날도 부지기수였다. 그럴 때도 행복한 미소로 그림자처럼 늘 함께해주었다.

사랑이 가장 어렵다

모스크바의 심장, 크렘린궁. 러시아의 붉은 광장, 크렘린궁. 크렘린궁에서는 무슨 일이 일어나고 있는지 아무도 몰랐다고 한다. 그는 속을 전혀 알 수 없는 크렘린 같은 사람이다. 무슨 일이든 주저주저하고 망설이기만 한다. 어물쩍 거리기만 하고 딱 잘라서 결단하지 못한다. 간다 간다 하면서 변경하고 주저하는 사람. 한마디로 우유부단한 사람이다. 무슨 일이든 쉽게 결정을 내리지 못하는 햄릿형 인간이다.

자신감을 심어준다는 것. 그것은 인간의 영역이 아니라는 걸 너무 뒤늦게 깨달았다. 정신없이 내달려온 평화롭던 나의 삶 속에 한 남성이 파고들어 왔다. 손도 안 대고 코 푸는 격이라는 말이 가장 잘 어울리는 사람이다. 노력과 수고 없이 이익을 바라는 형. 입구만 있고 출구가 없는 사람. 철의 장막처럼 비밀을 만드는 형. 자아 회피형. 타인 의존형이었다.

일본어 학원에서 처음 만나 물귀신처럼 밀착해 본인의 인생에 가장 큰 성과를 얻어내 운이 트인 남자다. 우연이 세 번 겹치면 필연이라고 하지만, 필연은 아니었다. 우연이 다섯 번 겹치면 인연이라고 하지만 인연은 더더욱 아니었다. 악연이란? 우연이 악연이 될 수도 있고, 필연이 악연이 될 수도 있고, 인연이 악연이 될 수도 있다.

사람마다 코드가 맞지 않는 사람이 존재한다. 그래서 원치 않게 악연이 된다고 한다. 악연은 만나지 말아야 할 사람이고, 필연은 반드시 만나야 할 사람이다. 인연에는 좋은 인연도 있고 불행한 인연도 있다. 운명은 자신이 이 세상에 태어나서 죽을 때까지의 일대기를 말하며, 숙명은 자신이 이 세상에 태어나서 반드시 이루어야 하는 운명의 삶을 말한다.

사물의 성질이나 모양, 상태 따위가 달라지는 것은 변화라고 한다. 타고난 본래의 성질, 즉 본성은 절대 불변이다.

부족하지만, 우유부단하지만, 크렘린같이 그 속을 잘 알 수는 없지만, 코드가 전혀 맞지는 않지만, 필연도 아니었고, 인연은 더욱 아니었지만 부족한 건 함께 채워가면 되고 가치관이

나 마인드, 영적 지적 레벨은 양의 에너지로 끌어올려 주면 되고, 낮은 자존감은 격려와 자신감으로 용기를 북돋아 높여주면 된다고 믿고 함께 하기로 했다. '열심히'보다 '잘' 하는 노하우는 내가 이미 경험으로 터득했으니 그가 길을 찾도록 도우면 된다고 믿었고, 경제적 기반은 함께 만들어가면 된다고 생각했다. 9년이라는 나이 차 또한 숫자에 불과하다고 여기며 개의치 않았다.

그러나 인간의 타고난 습을 변화시킬 수 있는 건 인간의 영역이 아니었음을 철저히 실망하고 알아차렸을 때는 시간이 많이 흐른 후였다. 아이 둘을 낳고 인고의 과정을 통해 내 안에 있는 모든 에너지가 고갈되어 바닥을 보이고서야 너무 늦게 깨달았다. 악습은, 우유부단함은, 낮은 자존감은 인간이 변화시킬 수 없음을 말이다. 나는 남성상이 뚜렷하지 못했고 배우자에 대한 기준과 관점도 세워지지 못한 상태에서 착하다는 이유만으로 그를 온전히 받아들였다. 착한 건 칭찬이 아니라 동반자를 곤고하게 만들어가는 주범이라는 것도 늦게 깨달았다.

누가 보아도 성숙하지 못한 부조화의 만남이었다. 나만 인정하고 싶지 않아 했으니 잃어버린 시간에 대한 대가는 온전히 내 몫이었다. 내가 정한 내 삶의 방향대로 착실하게 코스를 잘

밟아서 성장해가던 중 외진 골목길을 잘못 접어들었다가 되돌아 나오던 길에 길을 잃고 내게 길을 묻던 사람의 손을 뿌리치지 못하고 지름길까지 데려다준 꼴이 되어버린 격이다.

그 후로도 나로부터 멀리 벗어나지 않고 길목에서 시야를 계속 가로막으며 호의와 사랑이라는 명목으로 능력이 아닌 감성을 앞세우며 비굴하리만큼 끈질기게 구애했던 사람. 내가 남자를 잘 모르고 있음도 이미 파악했고, 껍질은 강해도 속은 소프트함을 일찍이 알아차린 영리한 사람이다. 누구보다 다루기 쉬운 여자라고 판단이 선 후부터 헌신과 희생으로 3년이라는 긴 연애를 하는 동안 세상에 둘도 없는 사람처럼 대해준 남자다. 온몸을 감성 터치로 파고들며 모든 기회를 포착하고 내게 안착한 생애 첫 남자의 이야기다.

괴테는 "여성을 소중히 지킬 수 없는 남자는 여성의 사랑을 받을 자격이 없다."라고 했거늘 우유부단함에 무능력으로 무장(?)한 이 남자는 사랑을 주고받을 준비가 안 되어 있었던 것이다. 남자를 알아보는 눈을 키울 수 있었다면 좋았을걸. 내게는 일의 어려움이 1이었다면 사랑의 어려움은 100이었다. 그만큼 내게는 사랑이 어려웠다. 이것은 그만큼 인연이라는 것이 귀하다는 반증이었을 것이라 여기고 있다.

그랬다.

낯선 여행지에서 너무도 허기진 상태로 요깃거리를 찾다가 들어간 기사식당에서 한 번도 입에 대보지 않은 제육볶음을 시켜놓고 한 숟가락 떠보니 입맛에 맞지 않아 음식에게 미안한 마음을 갖고 불편해 하는 내 마음과 같은 비유일 것이다.

국'물'이 있는 사랑, 국'룰'이 있는 인생

합리적 사고로 해결하는 능력을 지능이라고 한다면, 이치를 깨닫고 정확하게 처리하는 능력을 지혜라고 본다. 지혜만이 두려움을 정복할 수 있다고 믿고 살았으며, 지능보다는 지혜의 날개를 사용할 때 가슴 뛰는 삶을 살 수 있었다. 가슴 뛰는 삶에는 불편심이 없다.

그렇다면 불편심이란 무엇인가? 우리는 매일 사건 · 사고를 접하는 세상 가운데 놓이게 된다. 그 속에서 나만의 선택을 해 나간다. 선택을 하고 시간이 지나도 그 기쁨이 사라지지 않을 때 '불편심이 없다'라고 본다.

한 남자는 나에게 불편심의 대상이었다.

나는 '국물'이라는 말을 자주 쓴다. 내게 국물은 대가나 수고로 얻어지는 이득이다. 이득은 이익과는 구분된다. 이익은 수익과 비용의 차액이며, 이득은 경제적 가치를 말한다. 나는 국물이 많은 일을 하면서 살고 싶다. 국물이 많은 사람을 만나고 싶다. 국물이 많은 사람이 되어 그 가치를 전하고 싶다.

한 남자에게 나는 국물이 되어가고 있었다.

고○○을 만난 지 6개월쯤 되었을 때다. 그가 잘 다니던 회사가 갑자기 부도가 났다. 퇴직금도 제대로 정산 받지 못한 채 실직으로 인해 제약회사로 이직하게 되었다. 자세한 업무 내용은 묻지 않아 모르겠지만 제약회사의 영업부 업무는 약국을 방문해서 약품의 주문과 수금을 하는 일 같았다. 입사한 지도 얼마 되지 않았고 확보한 거래처가 많지 않아서 월말만 되면 얼굴이 어두워지는 걸 보니 자금 압박을 많이 받는 듯했다.

나는 빚에 시달리는 엄마를 보면서 지출에 대한 나만의 확고한 룰을 정해놓고 있었다. 돈 거래는 그 누구와도 하지 않는 것이다. 하루는 고○○이 다급하게 돈 좀 차용해달라고 했다. 월말 마감을 해야 하는데 입금을 못 하고 있으니 월초에 수금이 되면 곧 갚겠다는 것이었다. 피치 못할 사정을 전하는 이야기였다.

그간 연인 관계에서 돈 거래는 금기로 생각했다. 그렇지만 오죽 절박하면 여자친구에게 돈 이야기를 할까? 못나 보였다. 가족과 친구도 있을 텐데 오죽 부탁할 데가 없으면 만난 지 몇 개월 안 된 여자친구에게 돈 이야기를 꺼낼까. 사정 이야기를 듣는 것만으로도 마음이 불편했다. 갑자기 돈 부탁을 받으니 자존심도 상하고 마음속 불편심도 가시지 않아서 그만 헤어질까 곱씹어 고민도 해보았다. 하지만 헤어지는 이유가 돈 때문일 수는 없다고 생각하고 방법을 함께 찾아보기로 했다. 그는 내가 받는 한 달 급여보다 큰돈을 요청했다. 급여 중 반을 떼어서 엄마의 생활비를 보조해드리고 있었기 때문에 내 능력으로는 불가능하다고 일언지하에 거절했어야 마땅했지만, 나는 그러지 못했다.

당시 나는 급여를 신탁은행 계좌로 받기 위해 가계 종합예금 계좌를 개설하면서 은행 앞으로 발행하는 소액 수표책 한 권을 수령했다. 가계 수표책이었다. 그 수표책에는 내 인감이 날인되어 있었다. 수표에 금액 기재를 내가 직접 할 수 있었으며 그 수표를 소지한 사람에게 일정한 금액을 지불해줄 것을 위탁하는 유가증권이었다. 돈 이야기를 꺼내기 전까지 얼마나 많은 고심을 했을까? 조금은 딱한 심정으로 그의 첫 부탁을 거절하지 못했다. 그가 필요한 액수만큼 수표를 발행해주었다.

그렇게 약속한 한 달이 되어가고 있는데 아무런 이야기가 없었다. 어떻게 된 건지 어렵게 이야기를 꺼내니 수금이 잘 안 되고 있으니 한 번 더 발행해주면 그 돈으로 즉시 입금 처리하겠다고 제안을 해왔다. 일구이언하는 남자를 어떻게 신뢰하겠느냐며 그럼에도 불구하고 약속은 지켰어야 했던 게 아니냐고 큰 소리로 화를 내며 따져보았다. 하지만 본인이 처한 절박함이 과중해서 화를 달게 받고서라도 수표 발행의 도움을 받고 싶어 하는 듯했다.

애초의 의도와는 달리 나의 수표책이 고○○의 돌려막기 영업용 자금 확보의 수단이 되고 말았다. 돈 거래는 누구와도 하지 않겠다는 지출에 대한 확고한 나만의 룰도 무너졌다. 그 이후에도 여러 차례 이런 일이 반복되면서 번번이 돈 약속을 지키지 못해 애를 태우며 삶을 건조하게 만들었다.

사랑이라는 관계로 시작되었는데 나의 고정된 시선이 흔들리면서 뛰던 가슴은 멈추고 불편심은 커져만 갔다. 어느 날부턴가 지혜와 지능의 양 날개를 쓰면서 나는 차츰 나로부터 멀어져갔고 한 남자의 국물이 되어가고 있었다. 국물이 된 사랑은 쓰디쓴 인생이 되어간다는 국룰을 알게 한 아픈 선택의 경험이었다.

제때에 떠나는 것도 현명한 선택

"경영은 혼이 살아 숨 쉬는 예술이며 언제나 싱싱하게 약동하지 않으면 시대에 뒤떨어져 예술성을 유지할 수 없다."

—마쓰시타 고노스케(일본의 부호이자 사업가, 내쇼널 창업자)

"스스로를 바꾸지 않는 한 이미 가지고 있는 것만을 가질 수밖에 없다."

—짐 론(미국의 유명 작가이자 연사)

직업을 선택하기에 앞서 나만의 기준이 있다.

- 가치 있는 일인가?
- 기뻐할 수 있는 일인가?
- 행복한 일인가?
- 향후 10년 이상을 내다볼 수 있는 일인가?
- 현재 과포화 시장은 아닌가?

2년간 해운사 부속실 근무를 하면서 경영의 총수이자 창업주이신 회장님의 경영 마인드와 기업 이념을 파악하게 되었다. 회장님은 회사 경영보다는 정치에 관심을 두고 계셨다. 기업 운영으로 창출된 이윤을 시설이나 설비 쪽에 투자를 하든가 자금을 비축하여 확보했다가 위기가 찾아올 때 고비를 넘길 자금으로 발판을 삼아 경제의 선순환을 만들어가는 것이 경영 전략의 기본 원칙일 텐데 회장님은 다른 곳을 보고 계셨다. 송충이는 솔잎을 먹어야 하듯 기업인이 본분을 잊고 이탈하면 경영이 원활할리 만무했다.

자기자본 융통 능력이 충분하기 때문에 기업 브랜드를 정치의 도구로 삼는 사례를 간혹 볼 수는 있었지만 부채비율이 높은 차관자금이 정치 자금으로 빠져나가면 밑 빠진 독에 물 붓기 식으로 영업 이익을 크게 낸다 한들 중장기적으로 자금난을 버텨낼 재간은 누구에게도 없다는 걸 감지했다.

구 사장님께서 운영 전반을 도맡아 하시면서 회장님 몫까지 업무 수행을 겸하시느라 생각도 점차 많아지시고 염려가 깊어지고 계심을 곁에서 체감하면서 최대한 사장님께 생생한 에너지를 충전해 드리며 보좌해 드리고 싶었으나 자리를 지켜드리지 못해 죄송했다.

만날 때를 알고 떠날 때를 알면 시간을 단축할 수 있다는 사실을 알고 있었던 나는 지금이 떠날 때라는 촉이 왔다. 그러기 위해선 먼저 자신에게 물음이 필요했다. 쉬면서도 1년간 지출할 수 있는 여유 자금은 준비되어 있는지? 쉬면서 쓸 지출액은 월 얼마로 정해놓을 건지? 무엇부터 준비할 것인지? 어떤 일을 하고 싶은지? 답은 단호했다.

'김이령, 지금이야! 관객이 박수쳐줄 때 떠나는 거야!'

구 사장님께 먼저 퇴직 의사를 밝히고 양해를 구했다. 생뚱맞은 발언이 실감이 안 나시는지 "와 그만두려는데?" 물으셨다.

"아직 결정된 건 없지만 컴퓨터(EDPS)도 배워보고 싶고 야간대학 다니면서 공부도 다시 해보고 싶습니다."

"미스 김! 우리도 텔렉스실 치우고 컴퓨터실 만들 계획도 있으니 기다려보면 될 기다. 여기 근무하면서 시간 줄 테니 야간대학도 다니면 되는 거 아이가?"

"준비 시간과 숙련 기간이 필요하니 그럴 수는 없습니다."

"뭔 소리고? 그거야 휴가를 얻으면 되는 기고! 미스 김은 다른 어떤 일도 잘할 테지만 니는 비서의 피가 흐르고 있데이! 천직이 비서 일에 맞게 태어난 놈 이데이. 그건 니도 알고 있나?"

"그래도 당분간 쉬면서 구상해보려구요."

"니 아예 마음을 굳혔구만?"

"…….."

"그래, 마! 더 넓은 세상으로 나가래이! 뭘 해도 잘할 기다!"

그렇게 총무부서에 정식으로 사직서가 제출되었다.

엄마, 친구, 동창들이 난리가 났다. "그보다 더 좋은 직장을 어떻게 다시 구할라고?"부터 시작해서 "주 2회 골프 나가시고 해외 출장이 잦으신 사장님의 비서니 신선놀음이 따로 없는데.", "귀국 시 비서 선물은 샤넬 NO.5 향수나 립스틱과 콤팩트 등 여러 가지 소소한 혜택을 보고 있잖니." 등등 안타까움을 표하는 반응들뿐이었다.

신선놀음이 주는 무료함이 싫어 떠나려는 나의 깊은 뜻을 알리 없는 사람들의 이야기였다. 나는 향후 10년 이상을 내다볼 수 있는 미래지향적인 새로운 일을 찾아 길을 나서보기로 했다. 그렇게 내가 만난 첫 번째 선생님과 '사요나라'를 고했다. 구 사장님의 특별 지시로 퇴직금도 넉넉히 받았다. 정산도 신속히 처리해주셨다. 나는 그렇게 첫 직장에서 박수를 받으며 유종의 미를 거두었다.

퇴직 후 4개월쯤 시간이 흘렀을 때 남아 있는 직장 동료로부터 어두운 소식을 듣게 되었다. 이란, 이라크의 내전으로 이라

크에 배가 묶여서 운임이 들어오지 못해 자금난으로 결국 최종 부도 처리가 되었으며 직원들 퇴직금 정산도 받지 못하고 있다는 것이었다. "운이 좋은 사람은 역시 다르다."라며 "선견지명이 탁월했다.", "대단한 결정이었다."라는 뒤늦은 부러움도 받았으나, 나는 구 사장님이 받았을 충격이 고스란히 전해져와 며칠 동안 먹먹함으로 가슴 통증을 앓았다.

몇 년이 흐른 후 문득 뵙고 싶어 현재 소속되어 계신 곳을 알아낼 수 있었다. 제2금융권, 투자자문사의 감사로 부임해 계셨다. 사전 전화로 방문 약속을 잡은 후 서프라이즈 해후를 가지며 무고하신 근황을 들을 수 있었어 잠시 행복한 시간을 가질 수 있었다.

우리는 대개 선택에 대해 무거운 마음을 지니고 있지 않은가 생각해본다. 누구나 선택을 함에 있어서 자유로워져야 한다고 생각한다. 인생길을 걸어갈 때 오늘 하루만 해도 수십, 수백 가지의 크고 작은 선택들을 하게 된다. 선택에서부터 자유롭지 못하다고 생각해보자. 결정하기를 주저한다거나 선택장애로 인해 책임져야 할 일을 회피하게 된다면, 다른 이에게 그에 따르는 책임이나 기회까지도 떠넘기게 될 수도 있다. 따라서 결정에 대한 흡족함은 기대를 할 수 없을 것이다.

아놀드 토인비는 그래서 "선택의 자유야말로 진정한 자유다. 운명은 준비되어 있는 것이 아니라 스스로 결정하는 것이다." 라고 했다. 또한 윌머 애스키나스는 "자유로이 선택할 수 있을 때야말로 최선의 행동을 취할 수 있다."라고 했다.

특히 인생의 행로를 바꿔야 하는 중차대한 선택 앞에서는 앞서 이야기했던 가슴 뛰이 있는가를 꼭 살펴야 한다. 그리고 시간이 지나도 불편심이 없다면 그 선택은 좋은 선택이다. 나는 이렇게 마음이 이끌리는 대로 늘 최선만을 선택했을 뿐이다.

더욱이 나의 가치가 발휘되어야 할 직업에 대해서라면 각별히 지혜로운 선택을 해야 하지 않겠는가. 훌륭한 선택은 인생길 걸어가는 우리의 발걸음을 경쾌하게 하고 자신감을 넘치게 몰아주어 반드시 성공으로 이끈다. 즉 성공의 첫 단추는 현명한 선택에서부터 시작된다.

나는 이렇게 마음이 이끌리는 대로 늘 최선만을 선택했을 뿐이다.

다시, 선택하면 그만이다

ㅇㅇ은행에서 신입 및 경력 행원을 뽑는다는 소식을 접하고 경력 행원으로 입행 지원서를 제출해놓은 상태였다. 본점 인사부로부터 서류전형에 합격했다는 전화를 받았다. 은행 업무 경험도 전무할 뿐 아니라 나이도 있는 편이라 큰 기대 없이 했던 제2의 도전이었다. 서류는 통과했으나 면접이라는 중요 관문이 남아 있었다. 당시 ㅇㅇ은행 본점은 여의도에 사옥 신축을 계획 중이라 광화문 본점에 상주하고 있었다.

인사부로 방문하라는 면접 스케줄을 전달받았지만 마치 얻어걸린 듯한 행운이 찾아온 것 같은 마음에 실감이 나지 않아 무작정 기뻐하지는 못했다. 면접이라는 관문이 남아 있어서 누구에게도 기쁜 소식을 공유하지 못했고 나 자신조차도 혹여 모를 상실감을 최소화하기 위해 기쁨은 잠시 뒤로 밀어놓은 채로 면접 준비를 했다. 한국○○은행의 역사, 전국 및 해외 점포망 파악, 행장님, 부행장님, 전무님의 존함 석자, 국책은행의 특성상 주요 업무, 복권사업부, 선매청약저축, 청약예금, 재형저축 등등의 내용을 조사해서 메모장에 빼곡하게 적어놓고 일주일 동안 숙지했다.

면접 장소까지는 집에서 출발해 얼마나 걸리는지, 본점의 구조는 어떤지, 면접실의 위치는 어디쯤인지, 여자 화장실은 어디에 있는지, 화장실의 구조는 어떤지, 조금 일찍 도착해서 대기할 만한 커피숍은 있는지, 엘리베이터로 이동해야 하는지 아니면 에스컬레이터를 이용해야 하는지 등을 확인하고자 본점 현장 사전답사를 위해 세 차례나 방문했다. 호텔 1층에 고급 커피숍이 있었지만 그곳에서 대기하는 모습이 혹여 은행 관계자의 눈에 띄면 건방지다는 인상을 줄까 싶어 대기할 커피숍은 호텔에서 조금 떨어진 로드에 위치한 커피숍으로 장소까지 정해놓았다.

면접 날 임박해서 헤어를 정리하면 어색할까 싶어 면접 5일 전 명동에 있는 단골 헤어숍 마샬에 방문했다. 전담 디자이너를 찾아가 평소와는 다르게 시술에 대한 작업 지시를 내가 직접 오더했다. 염색 컬러는 지금보다 톤다운 하고, 상한 머릿결을 회복시켜주는 시스테인 단백질 트리트먼트를 요청했다.

헤어컷의 디자인은, 너무 시크한 선생님의 숏스타일은 오늘만큼은 사절. 두피의 뿌리는 다운펌으로 차분하게 잡아주고 헤어의 질감은 최대한 텍스처를 디테일하게 살려내 세련미에 포커싱을 해달라고 부탁했다. 평소에는 알아서 포인트만 정해주고 전부 다 맡기던 단골 고객이 요구 사항이 너무 많으니 "고객님, 선보세요?" 한다.

"남자친구 있는걸요."
"상견례가 있으신 건가요?"
"아니고요. 그보다 더 중요한 자리요."
밝은 피부 회복을 위해 명동 단골 피부샵을 찾았다.
"원장님, 오늘은 피부가 한 톤 밝아 보이게 이온자임 화이트닝 케어 좀 받아볼까 해서요."
"웬일이야? 여기서 얼마나 더 밝고 싶어서? 피부 하나는 타고났으면서 뭔 화이트닝? 미백은 안 해도 되니 스케일링으로 보습이나 줍시다."

각질 보습 관리로 피부 관리도 마쳤다.
면접 날 입고 갈 나만의 드레스 코드를 찾으러 신세계 본점 여성부티크 매장을 방문했다. 내가 정한 베스트 컬러는 무채

색 솔리드 컬러의 투피스 정장이었다. 디자인은 클래식한 세미스커트 정장으로. 수트의 디자인은 하이웨스트로 라펠(칼라)의 디자인은 라운드형으로 더블 버튼의 굵은 벨트의 수트를 골랐다. 왜냐? 나는 키가 작다. 목 라인이 가는 편이긴 하지만 긴 편은 아니다. 상하체의 비율이 이상적인 1:1.5의 비율이 아닌 1:1이라서 허리선에 굵은 벨트로 살짝 올려 포인트를 주면 시각적인 효과로 하체를 길어 보이게 할 수 있다. 또 벨트로 인해 배에 힘이 들어가 워킹 시 경쾌함을 준다. 나는 이렇게 비율의 단점을 최소화 할 수 있음을 잘 알고 있었다. 라운드 라펠 수트에 질감 좋은 스카프를 두 번 정도 돌려서 매치시켜주면 정장의 지루함이 사라지고 세련되고 에지 있는 옷으로 재 연출이 되며 나만의 베스트 드레스 코드가 된다. 굵은 주름의 H라인 디자인의 스커트 길이는 살짝 무릎을 덮을 정도의 길이감으로 정했다. 세미 기장은 종아리 라인을 방해하지 않으면서도 격식을 갖춘 품위 있는 여성으로서의 첫인상을 어필할 수 있다.

핸드백은 탠디컬렉션의 허리까지 오는 버건디 컬러의 골드체인 백으로 선택! 구두는 소다 브랜드의 다크 브라운 중간 굽의 로퍼로 면접을 위한 풀 이미지 메이킹이 완성되었다. 연한 카키빛이 도는 연베이지 크림색 정장에 갖고 있던 캐시미어 스카프를 연출한다. 이렇게 소뿔 단추가 달린 더블수트에 버버리 스타일의 굵은 벨트로 포인트를 준 투피스 수트 차림이 완성된다. 다크브라운 로퍼를 신고 와인색 골드 체인이 믹스된 핸드백을 든 나의 모습을 한 번 더 시뮬레이션해 보았다. 대만족이었다.

면접은 면접관들이 앉아 있는 방문을 열고 들어서는 순간 5초 만에 합격 여부가 결정된다는 대기업 면접관의 조언을 귀담아들은 적이 있었다. 면접 날 차질 없이 면접에 임했다. 수백 명의 총 응시자 중 면접 자격을 취득한 합격자 수는 수험표 번호를 기준으로 볼 때 100명 가까이 되는 것 같았다.

첫 직장 해운사에 대한 질문이 있었다. 몇 가지 나올 법한 예상 질문들을 받고 나서 마지막 질문이 기억에 남는다. 면접관 중 가장 직책이 높아 보이는 중앙에 배석한 면접관이 내게 물었다.

"해운사 부속실에서 근무하는 동안 애로는 없었는지? 어느 분을 모셨는지?"

이력서에 궁금치 않게 기재되어 있었는데도 묻는 건 여섯 분의 면접관들에게 한 번 더 나를 어필해주기 위함은 아니었을까. 그 질문이 왠지 내게 호감을 두고 있다는 메시지로 전해져서 배려에 대한 감사한 마음으로 사실대로 정중하게 답변을 드린 후 흡족하게 면접을 마칠 수 있었다.

긴장이 풀리니 갑자기 허기가 돌면서 하루만큼은 최고로 값비싸고 고급스런 음식이 땡겼다. 남친 고○○이 몇 시간째 본점 2층 커피숍에서 기다리고 있었다. 우선 광화문을 빨리 벗어나고 싶었다. 특별한 날 가끔 가는 명동 사보이호텔 2층 레스토랑으로 장소를 옮겨 스테이크를 먹으며 일련의 과정들을 쉬지 않고 털어냈고, 고○○은 내 말을 끊지 않고 한 시간 이상을 들어 주었다. 정신없이 이야기를 하다 보니 경청하는 성의가 없어 보여 "궁금한 것도 없냐?"라며 트집을 잡았다.

그는 늘 철없는 아이를 바라보듯이 미소로 화답한다. 만약 말을 끊었으면 "아! 내 말 좀 들어보라고요!" 하며 화를 낼 거였으면서. 모든 걸 다 받아주는 남친과 함께일 때 나는 늘 목소리 볼륨이 높아졌다. 온전히 나만의 자유 시간이었던 그때의 기억이 새록새록 하다. 단 20분간의 면접을 위해 일주일을 일사불란하게 움직였던 나만의 특별한 프로젝트였다. 부지런히 준비한 그 행보들이 내 성장의 밑거름이 되었다.

그렇게 모든 걸 비우고 평화로운 일상을 보내던 어느 금요일 이른 저녁, "한국○○은행 인사부입니다! 축하합니다! 이번 경력 행원 응시에 최종 합격하셨음을 안내드립니다. 자세한 연수 일정은 등기우편으로 배송될 예정입니다."

"감사합니다. 고맙습니다."

이제는 마음껏 기뻐할 수 있었다. 보험 상품도 잘 모르면서 교육비라도 받겠다고 보험 교육을 받고 있을 엄마의 얼굴이 제일 먼저 떠올랐다.

"내 삶의 모든 것이 감사이고, 은총이며, 사랑이었다! 지나온 시간만큼 순수하고 현명하게, 올곧고 파워풀한 자세로 살아갈 것임을 마음속으로 외치며 다짐해 두었다!"

Selection Connection

한국○○은행 신입 행원의 연수가 시작됐다. ○○은행의 핵심 가치와 비전을 레크리에이션 형식으로 배우기 위해서 연수원에 입소했다. 연수원의 시설은 쾌적하고 우수한 편이었다. 숙소는 2인 1실로 배정되었으며 룸 컨디션도 비교적 만족스러웠다. 한국○○은행과 ○○은행을 합병하기 전인 한국○○은행 신입 행원 시절의 이야기다.

신입 행원들을 위해 준비한 수업은 지루하거나 딱딱하지 않았고, 3박 4일 동안 다양하고 색다른 테마로 짜여져서 흥미로운 시간을 보낼 수 있었다.

첫 번째 테마는 지폐 산 수업이다. 지폐를 손으로 세는 평가로 각자에게 할당된 지폐를 정확히 세고 돈이 흐트러지지 않게 띠지로 묶는 것까지다.

두 번째 테마로 지폐를 부채처럼 좌르륵 펴서 다섯 장씩 노련하게 세는 수업도 진행되었다.

세 번째 테마는 고객창구 응대라고 해서 모의로 역할 수행 게임을 하는 것으로 롤플레잉(RPG)이라고 한다. 테이블에 둘러앉아 연기하듯이 플레이하는 것으로 창구고객과 은행직원으로 서로의 역할을 바꾸어서 훈련하는 것이다.

네 번째 테마는 헌 돈과 새 돈을 분류하는 작업으로 '정사'라고 한다. 육안으로 보기에 심하게 훼손되었거나 귀퉁이가 닳아서 낡은 돈 또는 지폐가 찢어져서 조각이 잘려 나간 돈을 일일이 수작업으로 골라내는 수업이다. 그렇게 분류된 돈은 띠지로 묶어서 다시 한국은행으로 보낸다. 이런 식으로 진행된 수업내용은 영업점에서 고객들에게 실수를 하지 않도록 업무력을 향상시키기 위한 훈련 프로그램이었다.

연수 마지막 날 수행평가 결과 발표와 인사 발령이 있을 예정이었다. 90여 명 인원이 연수원까지 관광버스 2대로 나누어 타고 이동했다. 조금 늦게 도착해 서둘러 버스에 올랐는데 오른쪽 맨 앞자리에는 연수원장이 앉아 계셨다. 모두 불편했는지 연수원장을 피해서 뒷좌석부터 자리가 채워졌다. 나는 오르고 내리기도 수월하고 시야가 탁 트인 뷰를 좋아해서 처음엔 그 남성이 연수원장님인지도 모른 채 옆자리에 동석하게 되었다.

버스가 출발해 시간이 얼마 지나지 않아서 연수원장님이 말을 걸어오셨다. 집은 어디이고, 신입인지 경력인지, 어느 지점으로 발령받고 싶은지도 물어보셨다.

"저는 남대문 지점에서 근무하게 되면 좋겠다고 생각하고 있습니다."

"왜지?"

"저의 집은 서대문구 홍은동입니다. 근무지는 집에서 멀리 떨어져 있으면 좋겠다고 생각하고 있습니다."

"그래? 보통은 집에서 가까운 거리를 선호하지 않나?"

"저는 그렇게 생각하지 않습니다. 출퇴근하기 쉬운 직장보다는 거리가 멀어도 제가 원하는 직장을 찾고 싶고 집 근처의 소박한 점포보다는 빌딩이 많은 시내 중심권에 위치하며 활기 넘치고 업무량이 많은 점포여도 괜찮다고 생각하고 있습니다."

"그런데 왜 남대문 지점이지?"

"인사부에서 최종 합격 통보를 받고 사실은 서울 중심권에 있는 점포 몇 군데를 둘러보았습니다. 첫 번째 이유는 근무하면서 입게 될 은행로고가 찍힌 유니폼 디자인이 궁금했습니다. 두 번째는 나에게 어울릴 점포와 내가 선호할 점포를 찾아보기 위한 목적이 있어서입니다. 남대문 지점은 대한화재 빌딩 1층에 있으며 가장 최근에 신설된 점포로서 복층 구조로 내부 인테리어도 쾌적하다고 여겨졌고 남대문 시장과 수입 상가가 위치해 있어서인지 활기차 보였습니다. 바쁜 만큼 일도 제대로 배울 수 있을 거라는 생각도 하게 되었고요. 무엇보다도 집에서 남대문까지 한 번에 가는 버스 노선이 있어서 좋았어요. 그리고 이번에 유니폼 디자인을 보고 반했습니다. 다크 네이비 컬러의 H라인 원피스에 하이네크 목 라인을 스트라이프 스카프와 ○○은행 로고가 찍힌 두 종류의 스카프를 번갈아 가며 리본모양으로 묶고 근무하는 여행원들이 스튜어디스만큼이나 전문성 있게 보였고 럭셔리하기까지 했어요."

"그러고 보니 내 옆의 친구는 더 잘 어울릴 것 같은데. 이번 유니폼은 유명 디자이너의 작품이라 하던걸. 남대문 지점 말고 또 어느 점포를 가보았지?"

"서소문에 위치한 영업1부와 본점 1층에 있는 영업2부 영업장 안으로 들어가서 여행원들이 업무 처리하는 모습도 유심히 살피며 제 모습과도 대치해 보았습니다."

"은행 오기 전에는 무슨 일을 했나?"

"저는 여상 졸업하고 ○○해운사 부속실에서 근무했습니다."

"거기 구 사장님 계신 곳 아닌가?"

"네, 맞습니다. 제가 모셨던 직속 상관이셨습니다."

"사장님과 전무님은 각별한 친분 관계임을 잘 알고 있지. 이야기를 듣다 보니 명석한 친구 한 명이 내 옆에 앉아 있었군. 영업부도 마음에 들던가?"

"영업1부는 1층, 2층 모두 돌아보았는데요! 점포가 월등히 깨끗하고 차분한 느낌으로 조용하며 외국인 회사 같은 인상을 받았고, 영업2부는 호텔 건물이라 사람의 왕래가 잦아서인지 활기찬 느낌은 있었지만 산만하고 무거운 느낌을 받았습니다!"

"하하하, 정확히 보았네. 영업 1, 2부는 본점에 소속된 점포라서 일반 업무와는 많이 다를 수밖에 없지. 주로 외국환 업무나 기업단체 예 · 적금 등 해외근로자 급여통장 관리와 대기업들의 큰 자금이 오가는 점포인 만큼 무겁게 보일 수 있고, 외국인 회사처럼 조용한 느낌이 드는 건 입출금이 빈번하지 않아서일 거라고 보네. ○○은행은 국책은행으로 시중은행보다는 특수 업무도 다루고 있어서 회사처럼 때로는 무겁게 느꼈다는 건 친구가 촉이 상당히 빠른 편인 것 같네. 은행 업무는 돈을 다루는 일이라 10원만 틀려도 그걸 찾지 못하면 집에 갈 수 없어요. 자칫하면 순간의 실수로 금전 손실에 대한 책임을 자신이 지게 되는 경우도 왕왕 발생하지. 그래서 규정집도 잘 살펴야 하고 변화되는 시장의 흐름을 잘 간파해야 한다네. 책임자 고시나 점포장 배치에 대해서도 실적과 무사고로 평가 기준을 두고 있는 이유이며, 행원들의 집합교육과 연수는 필수고 점포 자체적으로도 교육이 자주 진행되는 이유이기도 하지. 사실상 은행 창구 업무는 단순 업무라 1년만 계이동하면서 실무를 경험하면 업무 파악하는 건 그리 어렵지 않으니 굳이 바쁜 점포를 희망할 일은 아니라고 보네. 덕분에 심심치 않게 왔네. 오늘부터 진행되는 3일간의 연수 잘 받도록 하고 또 봅시다. 연수 끝나는 날 점포 발령도 날 걸세. 부디 본인이 원하는 점포에 발령받기를 바라네."

연수원장님과 2시간 정도 유익한 대화를 나누는 동안 연수원에 도착했다. 레크리에이션과 3박 4일간의 연수를 받는 동안 연수원장님과는 스치듯 한 번 정도 마주쳤고 반갑게 인사를 나누곤 했다. 차분하고 섬세한 분으로 기억하고 있다.

드디어 연수 마지막 날! 연수원장님의 인사 말씀을 듣고 인사발령 발표를 했다. 신입 행원 연수생 90명 중 영업1부 1명, 영업2부 몇 명, 복권사업부 몇 명, 감사부 몇 명 총 10여 명이 본점에 발령받게 되었다. 나머지 인원은 각 지역 점포로 인사발령이 이루어졌다. 이 중에 영업1부로 발령 받은 그 1명이 나였다. 동기들이 다가와서 "언니! 축하해요. 언니는 본점으로 발령받게 될 줄 알았어요."라며 축하해 주고 있는데도 '나 맞나?' 한 번 더 확인하고 싶었다.

본점은 꿈도 꿀 수 없었던 이유는 경력자이기도 했지만 합격자 중 워낙 출중한 인재들이 많았기 때문에 본점은 언감생심 탐을 낼 수가 없었다. 그래서 집 근처 점포만 아니길 바랐던 게 전부였다. 연수원장님께 벅찬 소식을 직접 뵙고 전해 드리고 싶었다. 그러나 연수원장님은 승용차를 이용해 서둘러 출발하셔서 기쁜 소식을 전할 수는 없었다. 그 후로도 뵐 기회가 없어서 아쉬웠다.

한국○○은행 영업1부~!! 나의 두 번째 직장이 되었다. 일어난 모든 상황이 다 감사할 뿐이었다.

selection

내 인생에
중도하차란 없다

사랑에도 준비가 필요해

따라 죽을 순(殉), 사랑 애(愛), 계보 보(譜). 순애보다. 사랑을 위해 목숨뿐 아니라 자신을 버린다는 이야기. 사랑 때문에 죽는다.

나의 남자친구였다가 한 가정을 이루며 남편이 된 남자이자, 사랑 때문에 목숨을 바치려 했던 한 남자의 이야기다. 교제 기간 3년, 결혼생활 10년. 합이 13년. 그동안 여왕님 부럽지 않을 만큼 자신의 손바닥 위에 올려놓고 한 시라도 바람 불면 날아가 버릴까 귀하디귀하게 여겨 주며 살뜰하게 챙겨준 한 남자의 사랑법.

그와는 대조적으로 탐탁지 않은 시선을 그에게 보내며 선뜻 곁을 내어주지 않았던 그녀. 아홉 번 잘하다가 한 번 잘못한 것 때문에 용서하지 않았고 아홉 번 못하다가 한 번 잘해도 아홉 번의 잘못 때문에 용납하지 않았다. 사랑이라는 창조 에너지는 제로였고, 동정과 연민의 의식만 가득했기에 그녀의 반응은 그럴 수밖에 없었다. 일방통행의 사랑이었다. 그녀는 왜 그렇게 끔찍이도 챙겨주려 했던 그에게 곁을 내어주지 않고 인색했던 걸까. 진정한 사랑은 그런 것이 아니고, 다른 무엇이라고 전하고 싶었던 걸까. 무엇이 그녀의 감각을 그리도 무뎌지게 했을까. 그녀도 처음부터 그와 부조화를 이루지는 않았을 텐데, 그럼 언제부터였을까. 열 번 잘하다가 한 번 실수한 그 한 번의 부정적 경험을 그 사람의 성격적 특성으로 단정 지어버린 그녀의 심리가 깊이 인지되어 작용했던 것 같다.

그는 아홉 살 차 연상남이었다. 만남이 시작된 초반부터 여성에게 금전적인 의존도가 매우 높았다. 자금을 융통해달라는 이야기만큼은 용기 내기를 서슴지 않았다. 당시 그의 부친은 ○○은행 본점 감사를 지내시는 금융인이셨고, 명문대 교수 누나도 두고 있었다. 명문대 졸업 후 당원 활동을 하는 형도 있었으며, 은행원 남동생도 있었다. 그뿐인가, 여친보다 소득 생활을 11년이나 더 일찍 시작했으니 어느 정도는 기반도 잡혀 있었을 것이며 비축해놓은 비자금도 있었어야 마땅했다.

자신이 다니던 회사의 부도를 빌미로 만혼의 나이에 수중에 돈 한 푼 준비된 게 없었다니, 그동안 어떻게 살아왔기에 그 나이에 무일푼일까. 본인 가족들에게 융통을 해보기는 했던 걸까. 어떻게 사회 초년생 여자친구에게 부탁하는 것이 당연하다는 듯 금전 거래를 청할 용기를 낼 수 있었을까. 내적 갈등으로 관계를 지속할지 말지 혼란스러울 때가 많았다. 원치 않는 돈 거래로 내 의지와 여자의 자존심을 스스로 지켜내지 못했던 그때를 떠올리면 지금도 수치심이 올라온다.

어디 그뿐이던가. 시간 약속! 데이트 장소에 30분에서 1시간 늦는 건 보통이었다. 시간 관리가 철저한 나는 일단은 그가 나타날 때까지 기다렸다가, 별일 없다는 사실만 확인이 되면 자리에서 벌떡 일어나 박차고 나왔다. 그러면서 나 자신의 초라한 모습이 너무 한심하게 느껴져 하염없이 흐르는 눈물을 주체하지 못하고 무작정 길을 걷는 날도 많았다. 뒤쫓아 오면서 잘못했다는 말 한마디에 넘어가 데이트를 이어가는 속없음도 있었다. 미성숙한 연인 관계로 인해 나의 건강한 의식들은 천천히 둔감해져 갔고 못마땅해 하면서도 그에게 길들여져 갔다.

변변치 않은 스트레스로 인한 부정적 경험이 쌓여갈 때마다 온화한 성향과 차분함, 본래의 여성성은 그를 향한 무시와 불신으로 탁한 에너지가 덧입혀지고 있었다. 어디 그뿐인가, 몇 개월 전부터 계획했던 여행 출발 당일에도 짐 챙겨놓고 눈 빠지게 기다리게 해놓고 일정을 갑자기 취소하는 날도 부지기수였다. 급한 일과 중요한 일에 대한 우선순위도 구분 짓지 못하는 사람, 열심히 사는 것과 잘 사는 것에 대한 경계도 모르고 그냥 바쁘게 살면 최선을 다하고 있다고 믿고 있는 우둔한 사람이었다.

내 경우는 문제가 생기면 들추려 하지 않았고, 마음에 묻는 쪽을 선택했었다. 그 이유는, 화를 내거나 다투면 여지없이 급체하고 온몸이 아파왔기 때문이다. 의욕을 잃은 채 가슴에 멍이 들 만큼 흐느끼며 울음을 삼킨 날도 수없이 많았다. 게다가 너무 어린 나이였던 나는, 처한 상황을 누구와 의논을 해 본다거나 조언을 구할 생각조차도 못했었다. 엄마에게조차도 내색하지 않았기 때문에 엄마는 당신 딸만 끔찍하게 아껴주고 위해주는 배우자감으로 낙점해 놓고 계셨다.

설상가상, 매달 여친 소유의 가계수표로 돌려막기 위해 차용한 금액을 약속한 제날짜에 입금한 적이 단 한 번도 없었기 때문에 신용에 문제가 생길까 봐 늘 노심초사, 전전긍긍해야만 했던 이유도 크다. 그 밖에도 소통의 불일치로 일련의 내적 갈등을 겪으면서 나 자신을 보호하기 위한 수단이라 단정 짓고 그와의 접촉을 피하려고만 했다. 이러한 나의 인지 편향적 사고에서 비롯된 그에 대한 고정관념이 깊이 뿌리내려져 있었다. 시간이 갈수록 방어의 벽은 쌓여만 갔고, 감정의 골은 깊어지고 있었다. 그러니 그가 아무리 헌신적인 사랑을 쏟아부어도 공허해서 감화되지 않았다. 한 여자를 행복하게 해주지도 못하는 그가 시시하게만 여겨졌다. 그에게 선뜻 곁을 주지 않았고 어떠한 행동에도 감흥이 없었던 이유는 믿음이 사라졌기 때문이었다.

그럼에도 나에게 결혼은 직장을 구하듯이, 내 집 장만을 하듯이, 배우자를 선택하고, 아이를 낳고 단란한 가정을 이루는 것이 인생의 Full 완성이며 반드시 풀어야 할 숙제라고 생각했다. 부족함은 채워가면서 말이다. '건강한 사고와 정신은 내게 있으니까 그런 게 뭐가 문제 되겠어?'라고 생각했다. 고○○은 나보다 더 나를 사랑해주고 귀하게 여겨주는 사람! 여러 가지 고심 끝에 이만하면 되겠지 하는 마음으로 고○○을 배우자로 선택하게 되었다.

고○○과 결혼하려면 먼저 그의 직업부터 리모델링해야 했다. 제약회사 영업부 직원의 업무는 본인이 담당하는 지역의 약국을 방문해 약사들을 상대로 약제 주문을 받고 수금도 해야 하는 일이었다.

손님이 있으면 잠시 대기하고 있다가 손님이 가고 나면 수금을 받아야 하는데 약국 사정이 안 좋다고 하면서 돈을 안 주면 쓴소리도 못하고 결실 없는 하루를 보낸다. 그러다가 월말이 돌아오면 회사에서는 일정 금액을 입금해야 한다며 실적에 대한 압박을 가한다. 그러면 빚을 내서라도 회사에 선입금 처리를 하느라 빚만 진다. 이런 악순환의 고리를 만드는 일일 뿐 생산적인 일이라고 인정할 수가 없었다.

제약회사의 허울만 좋은 불안정한 상태를 생계의 도구라 믿으며 자신의 금쪽같은 시간을 낭비하고 있었다. 내가 보기에 고○○은 연구직에나 맞을 사람이었다. 영업은 아무나 하는 게 아니라고 생각했다. 단순히 외부로 돌아다닌다는 자유로움 때문에 영업을 좋아한 것 같았다. 좋아하는 일보다는 자신이 잘할 수 있는 일을 해야 하는데 말이다.

나는 처음부터 그가 하는 일이 미덥지가 않았다. 영업은 사람의 심리를 잘 읽어야 하고 유연성이 있어야 하는데 그는 유연성도 융통성도 부족한 사람이었다. 상대의 마음을 꿰뚫어 보고 움직이는 재주가 제로인 사람이었다. 결국 나는 움직이기로 했다. 당시 도움을 줄 수 있는 유일한 사람인 형부를 찾았다.

"왜 처제? 문제라도 있나?"

"형부! 제가 3년간 교제 중인 남성이 있다는 거 형부도 잘 아시잖아요? 그 사람이 나이가 많아 이제는 결혼을 해야 할 텐데 직업이 불안정한 상태여서 제가 결정을 못 내리고 있어요. 형부, 처제의 생사고락이 달린 문제라고 생각하시고 친구분께 ○○그룹에 추천 좀 해주십사 부탁하려고 진중한 마음으로 찾아뵈었어요. 이 사안은 선택이 아니라 필수예요. 저를 도울 분은 우리 집에서 형부밖에 없습니다. 저에게 힘을 좀 실어주세요. 처제의 미래를 봐서라도요. 제가 그분의 직업이 확실해져야 결혼할 수 있거든요. 가능하면, 조속한 시간내에 원하는 소식 좀 주시기를 부탁드려요…."

취업까지 해결해 주면서 결혼을 진행하는 게 맞는 건가? 하면서도, 되는 방향으로 나를 이끌어가고 있었다. 한번 선택한 건 돌아보지 않음을 실천이라도 해내듯이 말이다.

우여곡절 끝에 고○○은 ○○그룹 영업부 대리로 입사가 확정되었다. 형부에게 너무나도 감사했다. 고○○의 평생 은인이기도 하다.

1983년 3월 파릇파릇 만물이 소생하는 봄날, 그와의 결혼을 발표했다. 명동 로얄호텔 커피숍에서 양가 부모님을 모시고 상견례도 치렀다. 서교동에 있는 규수당 예식장에 식장도 예약해놓았다. 신부 야외촬영 스케줄도 잡았다. 신혼여행지는 제주 하얏트호텔로 정하고 일정과 비용도 알아보았다.

드레스는 일생에 한 번뿐이기 때문에 한 번도 남이 입어보지 않은 신상으로 주문하기로 하고 가계약금도 걸었다. 개인 소장도 아니고 딱 한 번 입을 드레스였지만 직접 디자인해서 입는 거라 제작비가 대여비의 3배 이상이었다. 그래도 그만한 가치는 충분했기에, 생의 한 번뿐인 행사를 위해 멋지게 지출을 감행키로 했다.

인간이 살아가면서 하는 큰일이 인륜지대사(人倫之大事)다. 결혼을 준비하면서 구체적인 재무계획표를 작성했다. 결혼 예산 비용을 산출하고 결혼 준비 체크리스트를 만들었다. 식장 예약, 준비항목, 예산예비금액, 상품비용, 기타사용금액, 혼수 장만 비용, 지출 및 식대 외 비용 등을 산출했다. 총지출 합계액이 재정 자금을 초과하지 않았는지 확인하는 일이 가장 중요했다. 하객의 축의금 접수액에서 식대를 공제한 금액은 엄마에게 전액을 드리기로 결정했다. 얼마가 될지는 모르겠지만 내가 떠나고 없더라도 급한 불 끄시라고 드리는 나의 마지막 선물이었다.

이런 내 모습을 보고 엄마는 우셨다. 아버지로부터 소득마저 끊겨 생계의 막막함으로 돈벌이 수단이라고는 전무한 엄마. 남의 돈 무서운 줄도 모르고 대책 없이 고리대금도 끌어다 쓰셔서 빚쟁이들에게 독촉을 받는 엄마가 딸의 결혼 따위는 안중에도 없으셨던 건 너무도 당연한 처사였다. 나는 제2의 인생도 제로베이스에서 시작한다는 각오로 엄마를 불편하지 않게 해드리려고 모든 준비를 혼자의 힘으로 해결해 나갔했다. 그럼에도 모두에게 축복받는 성대한 혼인식을 두 분 부모님 앞에서 당당하게 보여드리며 뿌듯함을 안겨드리고 싶었다.

준비하는 과정에서 의논할 상대가 없어 소소한 문제들이 야기되었지만, 문제는 없었다. 곁에 엄마가 계셨지만 결정 여부만 자문을 구할 뿐 경제적 도움을 전혀 주지 못한다는 이유로 염치없어하시는 엄마가 위축될까 염려가 앞서서 늘 혼자였다. 마치 자신의 머리를 스스로 깎는다는 마음을 가지고 백방으로 결혼프로젝트에 관련된 정보를 모으기 시작했다. 그동안 비축해놓은 자금의 포트폴리오를 펼쳐서 차질 없게 인륜지대사를 치를 수 있도록 계획하고 점검해나갔다. 마치 아직 젖도 떼지 않은 어린아이가 밥숟가락 드는 연습을 하듯이, 처음 가는 길을 내비게이션 없이 가는 기분으로 결혼을 나 홀로 준비하며 결정해나갔다. 그런 가운데에서도 미래가 기다리고 있다는 생각에 가슴이 설렜다.

- 나는 살까 말까 할 때는 산다. 내 것이 되어봐야 선택의 지혜를 배울 수 있으니까.
- 줄까 말까 할 때는 준다. 초심은 본질이며 나누면 다시 채워짐을 믿고 있으니까.
- 할까 말까 할 때는 한다. 해보고 후회하는 편이 미련은 없으며 인생에 남는 건 닦아놓은 마음과 복 지은 것뿐이라고 하니까.

- 대화를 할까 말까 할 때는 한다. 대화는 녹슨 쇳덩어리도 녹일 수 있으며 천년 암흑 동굴의 어둠을 없애는 한 줄기 빛이라고 하니까.
- 갈까 말까 할 때는 간다. 가보고 아니면 가던 길 멈추어 서서 다른 길로 가면 되니까.

그럼 나는 언제 안 하는지를 생각해보니 안 한 적이 한 번도 없었다. 이것이 내 이끌어 가는 삶의 방식이다. 쉬운 일과 어려운 일을 마주할 때 어려운 일부터 해결한다. 어려운 일을 풀고 나면 보너스처럼 쉬운 일도 자동으로 풀려 있음을 발견하고부터다. 테이블 위에 맛있는 음식과 맛없는 음식이 놓여 있을 때 맛없는 음식부터 먹는다. 입에 쓴 음식을 먹고 나면 단맛이 배가되어 더 큰 행복감을 주니까.

나는 온전한 내 것이 되어야만 애착을 갖는다. 승용차 구매 시 할부 구매를 하지 않는다. 할부가 끝나기 전까지는 온전한 내 차량이 아니기 때문이다. 주택 구매 시 대출은 받지 않는다. 대출이 끝나기 전까지는 온전한 내 집이 아니기 때문이다. 은행에서 신용 여신 한도를 아무리 높게 책정해주어도 마이너스 통장을 쓰지 않는다. 마이너스로 지출한 돈은 내 돈이 아니기 때문이다.

온전히 내 배우자가 되기 전까지는 시간과 정성을 쏟지 않는다. 온전한 내 남자에게만 무장해제가 된다. 일관성 없는 이성과는 관계를 지속하지 않는다. 서로 간에 시스템, 가치관, 마인드의 괴리감이 있기 때문이다. 왜곡된 가치관을 가진 이성과는 연을 맺지 않는다. 대화 불통, 소통 부재, 의식의 차이 때문이다.

모리스 스위처는 말했다. "자신이 원하는 것이 무엇인지도 모르고 그것을 얻기란 어렵다. 우유부단한 행동은 남들에게만 득이 될 뿐이다. 자신이 생각한 바를 다른 사람이 먼저 실천하기 때문이다."

이 말은 인간사 모두에 통용된다고 본다. 일이든 관계든 주체성이 필요하다. 나의 가치관으로 선택할 줄 알아야 한다. 주도권을 쥐고 현명한 사고로 행동해야 한다.

나의 삶은 선택의 연속이다. 순간으로 이어지는 찰나에도 선택을 멈추지 않는다.선택하려고 애쓰지 않았고 순간의 선택을 일상처럼 즐길 뿐이다.

자존감을 지키는 한 수

6월 한여름 날 불쑥 시큼한 맛의 새빨간 풋사과가 먹고 싶었다. 대문 앞 동네 꼬마들이 정체 모를 식품을 먹고 있는 걸 보고 말을 걸었다.

"애야, 이런 거 어디서 팔아?"

"문구점에 가면 많아요."

"그래? 이거 이름이 뭐야?"

"쫀드기요."

"그래? 그럼 네 손에 있는 거 나한테 다 팔고 너는 이 돈으로 가서 다시 살래?" 아이들이 먹고 있는 것마다 탐을 냈다. 불고기 냄새도 좋았고, 커피를 좋아하지 않는데 믹스 커피 향도 좋아지기 시작했다. 빨강 풋사과가 당겨서 역촌 시장에 가서 10개를 사서 급한 마음에 그 자리에서 한 개를 꺼내 바지에 쓱쓱

닦아서 아삭아삭 깨물어 먹었다. 임신 3개월에 접어들었기 때문이었다. 근데 지금 드는 이 마음은 뭐지? 잉태의 벅찬 기쁨을 누구와도 나누고 싶지 않았다. 고○○에게까지도. 당분간은 노코멘트로 일관했다.

부자가 된 기분이 들었다. 신혼여행 다녀온 후 단칸방에서 첫날밤을 보내며 만들어진, 내 계산법의 허니문 베이비였다. 숨죽여가며 이 아가 씨를 받아들였던 것이다. 하늘 씨앗으로 찾아온 내게는 귀하디귀한 소중한 선물이었다. 내 안에 한줄기 빛이 비춰지고 있었다. 계속 장마로 습하던 날씨였다가 볕이 쨍하게 나서 빨래를 내다 걸어야 하는 찬스가 온 것처럼 말이다. 건강한 태교를 위해서도 이 공간을 하루라도 빨리 벗어나야 했다. 아버님께 정중히 분가를 요청드렸으나, 나도 몰랐던 남편의 고액 채무를 변제하고 분가하라는 아버님의 조건이 있었음에도 그것마저도 수락했다. 그렇게 숨 막힐 것 같은 그곳을 벗어날 수 있었다.

은행 퇴직금과 비자금을 털어 나만의 공간, 신혼집을 구하는 발걸음은 새털처럼 가벼웠다. 경기도 부천시 소사동 마을버스 정류장 앞 2층 건물. '크, 이것도 역세권이라고 할 수 있겠지?'

발품을 많이 판 덕인지 부동산을 잘 만나 가성비 높은 350만 원짜리 전셋집을 얻게 되었다. 예산에 맞추다 보니 부천에 둥지를 틀게 되었다.

일단 계단을 올라가면 앞마당이 넓고 화단도 조성되어 있어 좋았다. 세대별 독립 공간이 보장되어 만족했다. 계단 옆에 있는 집이라 추울 수도 있겠다는 생각은 잠시 들었지만, 첫 집이라 망설임 없이 임대차계약서를 작성했다. 사람 사는 것처럼 와글와글하고 서로 비슷한 전세 자금으로 출발하고 있는 사람들과 눈높이를 공유해보고 싶어서 다세대 주택을 선택했다.

1층 상가에는 미용실과 문구점이 입점해 있었다. 2층은 주인댁 포함 다섯 가구의 세입자가 올망졸망 모여 사는 화목한 분위기의 독립된 공간으로 세놓기 용이한 구조로 지어진 상가주택 건물이었다. 가로세로 두 집씩 나뉘어 있고 정중앙에는 주인집이 거주하고 있었다. 넓은 평수로 방 세 칸에 넓은 거실로 꾸며서 주인도 함께 거주한다는 점이 마음에 들었다.

미용실 왼쪽 좁은 계단을 콩콩 올라가 코너를 돌면 첫 번째 집이 고○○과 나만의 스위트 하우스였다. 은색 알루미늄 현관문을 열면 우측 벽에는 보일러 물통이 크게 부착되어 있고 아래는 한 개짜리 구공탄 아궁이가 설치되어 있었다. 새마을 보일러였다. 물통에 물을 가득 부으면 물이 데워져서 방 전체를 순환시키는 원리였다. 연탄가스 냄새가 새어 나오지 못하게 무거운 놋쇠 뚜껑이 아궁이를 덮고 있었다. 매일 연탄불이 꺼지지 않게 연탄을 조석으로 가는 법도 배워나갔다. 임신 중이라 일산화탄소는 폐와 혈관 건강의 적이었기 때문에 연탄 가는 일은 고○○이 담당하기로 했다.

태교는 듣기, 말하기, 쓰기, 먹기, 행하기, 판단하기, 걷기, 선택하기 하나하나에서 시작된다. 다시 일본어 공부를 시작하기로 했다. 반복되는 언어 공부를 태아와 함께하고 싶었다. 태교를 위해 일본에서 살다가 오신 중년의 여자 선생님께 개인 레슨을 받았다.

고○○의 빨래는 전부 다 손세탁으로 정성을 들였다. 셔츠의 깃도 따로 비벼서 늘 새것처럼 입혔다. 벗어놓고 간 빨래를 비비면서도 마음씨 착한 아빠를 닮으라고 아가에게 못이 박히도록 부탁했다. 다림질할 때도, 빨래를 뽀얗게 삶아서 옥상에 널 때도 온종일 비발디의 '사계' 테이프만 들었다. 나만의 태교 방식이었다.

주인집 다섯 살 꼬맹이가 가끔 내가 자기에게 군것질을 사 먹으니까 재미가 쏠쏠했는지 뭐만 사면 "새댁! 2층 새댁!?" 하면서 내 반응을 살피는 게 귀여워서 입덧 기간이 지나서 당기지 않는데도 돈 주고 사서 방에 쌓아놓았다. 주인집 아들과 딸 운동회에 셋방 식구들 네 집 포함해서 전 인원이 학교 운동장에 자리 잡고 피크닉을 즐기다 온 적도 서너 차례였다. 뒤늦게 해보지 못한 걸 하는 건 은총이라 생각했다.

주인아주머니도 소사 복숭아밭을 소유한 부잣집 딸이라 이자놀이를 하시는 분이었다. 내 살아온 이야기를 들으신 후로 보기 드문 여인이라며 복 받아서 반드시 부자가 될 거라고 하시며 종잣돈을 불려주셔서 비자금을 만드는 재미도 다시 붙여가며 주인댁과 이웃들과 형제처럼 돈독하게 지냈다. 임신 초기라 잘 먹어야 한다며 균형 있는 시골 밥상을 차려놓으시고 그댁으로 오라고 해서 먹도록 배려해주셨다. 졸음이 쏟아져서 안 먹겠다고 하면 엄마처럼 밥상을 따로 챙겨서 방까지 배달도 해주는 인정 많고 훈훈함까지 갖춘 품이 넉넉한 분이었다.

세탁기가 없어 손빨래하는 걸 몇 번 보시더니 아기가 자라고 있으니 구부리고 앉아서 빨래하지 말라고 세탁기를 통째로 대여해주시며 우리 집 빨래만 단독 세탁을 하게 배려도 해주셨다. 복숭아와 수박, 감자, 옥수수는 1년 동안 부족함 없이 마음껏 먹을 수 있었다. 저녁때가 되면 못하는 찬이지만 콩밥을 지어 정성껏 저녁상을 준비해서 예쁜 상보를 덮어놓고 버스 정류장으로 고○○을 마중 나가는 일을 가장 행복한 일과로 여기며 작은 행복들을 차곡차곡 채워가고 있었다.

내 탓이오, 내 탓이오

그는 어린 신부의 영원한 제비가 되기 위해 결혼을 했다. 한 번 아닌 건 끝내 아님을 너무 늦게야 알아차렸다. 회복 불능, 즉 원래 상태로 되돌릴 수 없음. 회기 불능, 즉 돌아올 시기를 놓침. 속수무책이 아닐 수 없었다. 내 자궁 속에서는 9개월 된 태아의 심장이 힘차게 뛰고 있었다. 건강하게 세상 밖으로 나올 채비를 갖추고 태동으로 자신의 존재를 알리며 세상에 나올 준비를 하고 있었다.

고○○은 9년 차 연상이었다. 고○○과 3년간 교제 중일 때부터도 그에게 제비 근성(거지 근성)이 다분했음을 알아차리고 있었다. 그러나 어리석게도 간과했다. 본질은 좋은 사람인 만큼 그 가능성을 믿어주자며 정작 나 자신의 미래는 안중에도 없는 안일하고 무책임한 결정 오류를 범하고 말았다. 한순간의 판단

실수를 여자의 팔자만으로 돌리기에는 너무 가혹한 현실이 펼쳐졌다. 경제적으로 지원을 해주고 백지장도 맞잡으면 아무 문제 없이 잘 살아갈 수 있을 거라 자신했었다. 그러나 능력이나 행위에 앞선 멘탈의 문제는 복구 불가였다.

삶을 힘겹게 이끌어오면서 한 점의 오점도 남기지 않으려고 그리도 애써왔거늘 평생을 서로 의지하고 사랑해야 할 배우자 결정을 현실의 도피처 정도로 생각해 경솔한 선택을 하고 말았던 것이다. 남자의 상도 제대로 서 있지 않은 어린 소녀가 혼자서 판단하고 결정했으니 그도 그럴 수밖에. 도리가 없었다고 나를 위로할 수밖에.

교제를 단절했을 때, 소금강으로 자신의 목숨값을 담보로 온 가족을 출동 시켜 은행으로 찾아와 청혼을 애걸했던 설득에 응하지 말았어야 열 번 백번 옳았다. 기회를 다시 열어주지 말았어야 옳았다. 내가 모질지 못했다. 배우자를 보는 사고와 기준이 온전치 못했다. 잘못 구매한 옷은 다른 사람 입으라고 주면 된다. 먹기 싫은 음식은 버리면 되고, 살기 싫은 집은 부동산에 내놓고 이사하면 된다. 고장 난 전자제품은 애프터서비스를 받으면 된다.

배우자의 진가는 한 공간에서 부부의 연을 맺고 살아봐야만 알 수 있었다. 내겐 이미 엎어진 물그릇이었다. 현실을 인정하고 차선책을 마련하며 고○○을 수용할 수밖에는…. 뒤로 물러서기에는 회기 불능 상태였다. 잘못되고 섣부른 나의 선택에 대한 대가는 신혼여행지에서 돌아와 아버님의 채무 변제부터 소사동 전세자금 조달까지가 끝이 아니었다. 그건 시작에 불과했다.

사랑은 의지와 노력만으로는 불가능했다. 고○○은 청혼 전 사랑이 하나가 있을까 말까 한 나의 마음을 십으로 채우기 위해 노력할 거라고 구애하며 매달려왔다. 나 역시도, 내가 무엇이건데 한 남자를 마음 아프게 하랴, 기왕이면 기분 좋게 출발하자는 마음으로, '그래, 내 마음 다해 그를 사랑해보자!'라고 결심했었다. 반듯하게 세워 멋진 남편으로 성공시켜보리라고.

그러나 사랑이 어디 결심과 다짐으로 될 일인가 말이다. 인간의 본질은 자의든 타의든 변화될 수 없음을 알게 되었다. 건강한 사고를 가지고 건강한 판단을 할 수 있도록 밀착해서 헌신적인 내조를 하면 근성이 달라질 수 있을 거라 믿었던 건 온전한 나의 자만이었다. 불로소득을 바라는 허황된 악습으로부터 회복이 불가능한 사람이었다. 파친코, 카지노, 포커, 외박, 잦은 출장, 가정 소홀, 가족 방치, 생활비의 의무 회피, 채무 전가, 생계 회피, 결정 장애, 돌려막기식 어음할인 등등.

인체의 조직이나 세포는 훼손되어도 재생되기 마련이다. 드라이나 염색, 펌, 스트레스, 자외선에 노출되어 극도로 손상된 머릿결도 두피와 모발의 뿌리까지 트리트먼트와 영양 공급을 해주며 인내와 정성을 들여 상한 머리를 차근차근 잘라내고 사랑과 정성을 쏟으면 본래의 머릿결로 회복이 가능하다. 하지만 그는 회복 불능 상태였다. 나와 교제하기 전부터 요행수만을 바라며 허구에 깊이 빠져 헤어나지 못한 병약한 남자였다.

연애는 누구나 할 수 있지만 사랑은 아무나 할 수 없다는 걸 함께 살아보고 알게 되었다. 그 사랑, 아무나 할 수는 없겠지만 함께 만들어갈 수 있다는 가능성을 열어놓고 노력도 해보고 애도 써보았다. 그러나 고○○은 사랑을 만드는 방법도 몰랐고, 노력하려는 의지도 뇌 속에 내장되어 있지 않았다. 중간 과정은 무시한 채 돈만 많이 벌고 싶어 했다. 복권 사기를 좋아했다. 그에게 결정장애까지 있다는 건 결혼 후에야 알게 되었다. 한 공간에 살아 보니 그는 결손투성이 어른아이였다. 그의 눈과 머리는 늘 밖을 향해 있었다. 아내에게 매달 생활비를 주어야 한다는 개념도 서 있지 않았다. 해결해준 빚은 얼마 지나지 않아 또 다른 빚 소식을 가지고 와 계속해서 문제를 야기했다.

가치는 인지로부터 시작된다. 아내의 존재 가치는 남편이 인지해주었을 때 더 소중해진다. 그러나 아내를 인지(사랑)해주고 곁에 함께 있어야 할 가장은 오늘 나가면 내일 들어오는, 불성실하고 태만한 어른아이였다. 언제 출산할지 모를 임산부 아내를 잦은 지방 출장과 외박을 일삼으며 방치하고 무관심으로 일관했다. 사랑하는 아내를 버려두는 것은 이미 사랑이 아니거나 사랑할 줄 모르는 사람으로밖에는 달리 표현할 길이 없었다. 어린 신부가 늘 불도 켜지 않은 빈방에서 덩그러니 눈물로 보낸 세월이 너무도 길었다.

임신 4개월 차에 접어들면서 배가 불러오기 시작했다. 당시 은행은 임신을 하면 자발적 퇴행이나 인사부의 발령으로 강제 점포 이동을 시키는 게 일반적인 수순이었다. 본점 행원은 은행의 이미지였기 때문에 배부르기 전에 그래야 하는 게 미덕이라고 생각했다. 나는 박수 받으면서 머물렀던 자리를 아름답게 떠나오고 싶었다. 자발적 퇴행으로 환영을 받으며, 멈춤은 또 다른 시작으로 이어질 거라는 더 큰 삶의 항로를 기대하는 마음으로.

그렇게 한국○○은행 영업1부 근무 2년 만에 그만두고 전업주부로, 자유인으로 돌아왔다. 당분간 태아의 건강만을 챙기면서 차분하게 출산 준비를 하기로 마음먹고 일어 공부에 매진했다. 초음파 확인 후 태아의 성별은 아들이라고 선생님께서 일찍이 알려주셨다. 틈틈이 출산용품 리스트도 작성해놓았다.

태아는 발차기를 열심히 하면서 무럭무럭 성장하고 있었다.

드디어 출산을 알리는 진통이 시작되었다. 시계는 새벽 2시를 지나고 있었다. 30분 간격으로 통증이 오다가 점점 시간이 단축되면서 진통이 잦아들기 시작했다. 진통이 오는 시간은 너무도 정확했다. 예정일보다 빠르게 진통이 찾아왔다.

고○○은 대구 출장으로 부재중이었다. 전화로 연락해 병원으로 오라고 부탁해놓고 출산 준비를 해놓은 가방을 챙겨서 오전 6시쯤 택시를 타고 서둘러 병원으로 갔다. 이미 자궁문이 열려 있다며 분만실로 이동시켰다. 첫 경험인데도 타이밍을 제대로 맞춰 왔다고 의사선생님이 칭찬해주셨다.

곁에는 아무도 없었지만, 나는 혼자가 아니었다. 물론 곧 만날 아가도 있었지만 뭔지 모를 신비와 환희가 내게 찾아왔다. 순간 가슴이 마구 뛰었다. 간호사님이 알려주는 대로 호흡법을 잘 따라 했다. 통증이 잦아졌지만 나는 소리마저도 아끼고 싶어 '악!' 소리 한 번 지르지 않았다. 간호사 선생님은 다른 분들처럼 소리 지르면 덜 아프다고, 소리를 밖으로 뱉으라고 했지만 나는 출산에 집중해서 아가에게 빨리 길을 열어주는 데 집중했다. 갑자기 분주해지더니 담당 의사선생님이 등장하시고 죽을힘을 다해 두 번 정도 힘을 주어 아가를 밀어냈다.

"응애, 응애, 응애, 응애!"

목소리도 우렁찬 사내아이였다. 3.6kg 정상 체중이었다. 4시간 30분 만에 이 세상에 빛으로 온 나의 분신이었다. 고통을 넘어 빛으로! 그 빛을 넘어 영광과 환희의 신비를 경험하는 순간이었다. 너무도 벅차고 감격스러웠다. 양수에 흠뻑 젖은 핏덩어리를 만나는 순간, 나를 보는 듯 짠하고 안쓰럽고 대견했다.

'오, 나의 아가! 너였구나! 그래, 나와 인연 되어 창조되었으니 너는 세상의 빛이다. 건강하게 엄마 곁으로 와주어 땡큐!'

언제 왔는지 밖에서 고○○이 빙그레 웃고 있었다.

'너는 삶의 가치와 의미가 뭔지는 알고 사는 거니?'

타이밍도 찬스도 놓치고 늘 미안해하면서 종종거리며 한 템포 늦추어 그림자만 밟고 다니는 고○○이 문득 불쌍해 보여 연민이 느껴졌다. 가련해 보이니 측은지심까지 들었다.

아가는 황달기가 심해서 인큐베이터에서 2주 정도는 치료를 받으면서 경과를 보아야 한다고 해서 입원 절차를 밟고 5일 후에 산모만 퇴원했다. 집에 귀가하니 시어머니가 서울에서 내려와 계셨다. 산바라지를 해주신다고 오신 것이다. 책만 보시고 잠이 많으신 어머님이 산바라지? 심히 걱정이 앞섰지만 그래도 마음만은 감사했다. 친정엄마는 미국 사는 오빠가 초청해서 미국에 가셔서 부재중이셨다. 다음날은 아가 면회 가는 날이었다.

사랑의 변주곡

김이령 지음

사랑은 밀물과 썰물이다.

사랑은 반드시 지켜야 하는 계명이다.

사랑은 깊고 그윽한 유언이다.

사랑은 생각한 바를 행하는 실천이다.

사랑은 그렇게 하기로 정한 약속이다.

사랑은 천명에 순종하는 순명이다.

사랑은 희망과 기대를 가지고 바라봄이다.

사랑은 사리를 분별하는 이해이다.

사랑은 벌하지 않고 덮어주는 용서이다.

사랑은 시간이 흘러 벗어나는 지나감이다.

사랑은 움직이고 향하여 다시 옴이다.

사랑은 몸의 즐거움과 마음의 기쁨을 아우르는 환희다.

사랑은 진, 선, 미를 통틀어 이르는 최상의 가치이다.

사랑은 소중히 여겨주는 존중이다.

사랑은 값을 높여 주는 우정이다.

사랑은 해면이 상승하여 밀려오는 밀물이다.

사랑은 해면이 하강하여 밀려가는 썰물이다.

사랑은 구하고 찾아서 갖게 되는 얻음이다.

사랑은 자신도 모르게 사라져 없어지는 잃음이다.

사랑을 얻는다는 것은 곧 잃는 것이며

사랑을 잃는다는 것은 곧 사랑을 다시 얻음이다.

사랑은 다채로운 변주곡이다.

사랑은 삶의 초석이다.

사랑도 선택이며

사랑은 우주의 힘이다.

사랑은 만물의 영장으로,

사랑만 있으면 무엇이나 할 수 있다.

절망이 아닌 선택

첫아이를 낳고 너무 깔끔을 떨었다. 최소 100일은 산후조리를 해야 했는데 시어머니의 게으른 산바라지가 불만이었다. 시어머니가 주무시는 틈을 타 아기 목욕도 직접 시키고 욕실에 맨발로 들어가 기저귀 손빨래와 욕실 청소 등을 했다. 이렇게 산후조리를 소홀히 하며 몸을 미처 돌보지 못했다. 큰아이 첫돌이 지나면서부터 서서히 나타난 산후풍으로 늘 부재중인 남편 없는 어두운 빈방에서 산후풍에 산후우울증까지 겹쳐 울면서 보낸 세월이 참 길었다. 한약도 먹어보고 양약도 처방받아 봤지만 소용이 없었다. 산후풍은 약도 없으니 둘째 출산 후에 조리를 잘하면 된다는 어르신들의 말씀을 듣고 딸도 키워보고 싶기도 해서 겸사겸사 둘째 임신을 계획하게 되었다.

산부인과 선생님이 "○○엄마는 자궁이 건강하고 깨끗해서 임신이 잘되는 편"이라고 늘 말씀해주셨는데 아닌 게 아니라 임신 계획 후에 한 달도 안 되어서 단번에 둘째가 그것도 딸아이가 들어섰다. 그렇게 물 흐르듯이 시간은 흘러 새로 이사한 집에서 드디어 예쁜 딸까지 얻는 겹경사를 맞았다.

아들딸 모두 고루 이루었으니 영구 피임은 당연한 수순이었다. 보통은 남편들이 하는 게 수순이었지만 나이 많은 애들 아빠를 배려하는 차원에서 어린 내가 복강경 수술을 하겠다고 병원 측에 자청을 했다. 당시 복강경 수술 기술이 미숙한 때라 수술 시 척추뼈에 마취를 했기 때문에 그때 얻은 후유증으로 허리가 부실한 편이다.

둘째 산바라지는 특별히 신경을 써야 해서 미국에 살고 계시던 친정엄마가 직접 나오셔서 완벽한 산후조리를 해주신 덕택에 몰라볼 정도로 건강이 회복되었다. 부디 고○○이 자기 자리를 굳건하게만 지켜준다면 문제 될 게 없다며 나는 미래를 긍정적으로 내다보고 있었다. 자녀가 두 명으로 가족이 더 늘었으니 책임감이 가중된 고○○의 마음을 깊이 헤아려 최대한 협조할 채비도 끝냈다. 네 식구가 한 스텝 한 스텝 올곧게 노력하면서 튼실하게 살아준다면 하늘도 어여삐 여겨 도와줄 거라 믿고 있었다.

아들은 5세, 딸은 2세로 세 살 터울의 오누이, 남매를 키우는 재미가 쏠쏠했다. 아들은 절대 음감을 타고났다. 음악적 소질에 빈 소년소녀 합창단원만큼이나 고운 미성까지 지녀서 노래도 곧잘 불렀다. 장난감 삼아 자그마한 전자 오르간을 사주어서 가지고 놀게 했더니 가요, 동요, 성가 등 엄마가 무심히 부르는 모든 장르의 노래들을 옆에서 들으며 악보도 없이 즉흥적인 반주를 제공해줄 만한 수준이었다. 〈사랑으로〉, 〈저 높은 곳을 향하여〉, 〈크리스마스 캐럴〉, 〈고요한 밤 거룩한 밤〉 등등. 뿐만 아니라, 유치원에서는 최고 멋쟁이 영국 신사로 불릴 만큼 원장 선생님의 사랑을 한 몸에 받았다.

두 살배기 딸은 일본 인형 아이니꼬처럼 정말 귀여웠다. 아빠의 사랑을 독차지하면서 기가 한껏 살아 의지를 굽힐 줄 모르는 고집 센 막내딸은 독불장군으로, 오빠를 이겨 먹는 집안의 서열 2위로 엄마 다음이었다. 세상에서 무서운 사람도 엄마였고, 좋아하는 사람도 엄마였다. 아무리 예뻐해 주고 잘 대해줘도 일관성 있게 얼굴을 보여주지 않는 아빠를 신뢰하지 않는 듯했다. 아빠가 늦은 귀가나 불규칙한 귀소로 불성실하다는 것을 아이들도 잘 파악하고 있었다.

아빠를 제외한 세 식구가 웃음을 지켜가며 잘 지내던 어느 늦은 밤, 청천벽력 같은 소리를 들었다. 갈수록 태산이었다. 어두운 낯빛으로 서울로 발령이 났다는 뜬금없는 소식을 전했다. 이사한 지도 얼마 되지 않았는데 갑자기 웬 발령이냐고 물었다. 직감적으로 사고가 터졌다는 걸 감지할 수 있었다. 갑자기 체온이 떨어지며 몸이 굳어지고 심장 박동이 빨라지고 있었다. 나는 화를 내거나 흥분하고 싸우면 몸에서 즉각적인 반응을 보인다. 가슴 통증이 생기고 곧바로 위가 경직되어 급체 증상으로 산소가 뇌까지 전달이 안 되는지 편두통 증상을 동반하는 데는 1시간도 채 걸리지 않는다. 그리고 나는 화가 나면 목소리 톤이 평소보다 낮아지고 또박또박 존칭어를 쓴다. 참을 수 없을 만큼 억울하여 따지고 싸우면 혈관이 경직되고 온몸이 아프니까 통곡의 울음으로 분노를 표출한다.

내 앞에 드디어 무릎을 꿇었다. 부산, 대구를 오가며 거래처에서 수금한 회사 영업자금, 즉 공금을 사사로운 용도로 쓴 것이다. 한마디로 공금 유용을 한 사실이 밝혀져 본사 영업부에서도 알게 된 것이다. 횡령은 아니라는 게 밝혀져 다행히 해고는 면했으나 공금을 유용해서 개인이 써버린 자금을 즉시 융통해서 채워 넣어야만 했다. 5년간 돌려막기 식으로 누적된 액수가 상당히 큰 금액이었을 뿐 아니라 어음을 할인해서 미리 당겨 쓴 돈까지 하면 부산 아파트 전세를 빼고도 큰 빚을 얻어야만 했다. 그래서 무릎을 꿇고 돈을 융통해달라는 비굴한 모습으로 연약한 어린 신부 앞에서 통사정을 하고 있었다. 한 번만 살려달라고. 결혼 전부터 지금까지 내가 살려준 게 셀 수도 없는데 한 번만이란다. 일차적으로 자금을 조속히 메꾸고 나면 이차적인 페널티로 ○○사업부에서 ○○연구소로 대기 발령이 떨어진 상태였다.

큰아이 출산 날 죽을 만큼 아팠지만, 괴성을 지른다고 아기가 빨리 나온다면 나도 다른 산모들처럼 괴성을 질렀을 것이라 했다. 그런 생각이었다면 지금도 원인 제공자인 남편을 향해 욕설을 퍼부었을 것이다. 그러나 나는 더 능동적으로 대처했다. 고함지를 에너지를 복식호흡 에너지로 전환해서 사용했다. 아기가 빨리 밖으로 나올 수 있도록 질 입구를 확장해주는데 몰입했고 에너지를 몰아주어 원활한 산소공급으로 아기가 수월하게 길을 찾아 나올 수 있게 협조했던 것처럼, 그래서 4시간 30분이라는 비교적 짧은 출산 시간을 기록했던 것처럼 이번에도 나는 그렇게 대응했다. 일단 만들어야 할 자금의 총액은 얼마인지, 어떤 경로로 자금을 동원할지, 서울 쪽에 주거는 어떻게 해결할지, 50%의 분납액을 뺀 나머지 금액으로 어떻게 생계를 꾸려나갈지 먼저 생각을 정리했다.

다행스러웠던 건 금액이 너무 크다 보니 회사에서 차선책을 제안한 것이다. 고○○의 퇴직금으로 미리 당겨서 대체 입금 처리하고 남은 부채는 월급을 차압해서 매달 50%는 회사에 불입하는 합리적인 방식이었다. 한마디로 고○○은 ○○그룹 영업부에 저당 잡힌 몸이었다.

일단 퇴직금 전액과 급여의 50%는 나의 수입으로는 계산상 넣지 않았다. 그리고 그동안 불입했던 적금, 저축 등을 모두 해약해서 생활비로 쓸 비자금으로 넉넉히 챙기기로 계획해놓았다. 거주지로 서울 부천시 원종동에 방 두 칸짜리 월세 아파트 1층을 얻었다. 부산에서 사용했던 세간살이는 단출하게 정리해서 이사를 마쳤다.

그리곤 남편 회사로 전화를 넣었다.

"안녕하세요. 저는 고○○의 안사람입니다. 사업본부장님과 긴히 통화를 좀 나누고 싶은데 본부장님실로 연결이 가능할지 여쭙니다. 혹여 바로 연결이 어려우시거나 통화할 입장이 못 되신다면 본부장님 편하실 때 제 쪽으로 긴히 통화 연결을 원한다는 메모를 남겨주시면 고맙겠습니다."

"잠시만요. 본부장님실로 연결해드릴게요. 혹시 연결 중 끊어지면 본부장님실 직통번호 000-0000로 다시 걸어주세요."

"네네, 감사합니다!"

"여보세요?"

비서가 아니고 직접 받으셨다.

"안녕하세요, 본부장님! 저는 고○○의 아내 되는 사람입니다. 초면에 외람된 말씀을 드리게 되어 너무나 송구스럽습니다. 다름이 아니오라 이번 사안으로 본부장님을 찾아뵙고 긴히 드릴 말씀이 있어 결례를 무릅쓰고 전화를 올리게 되었습니다. 불편하시겠지만 제 간청 거절하지 마시고 잠시만 만나주십사 요청드립니다. 사무실 방문이 불편하시다면 제가 본부장님 나오시기 가까운 커피숍으로 찾아뵙겠습니다."

끝까지 긴 이야기를 조용히 경청을 한 후 신세계백화점 영등포지점 5층 커피숍에서 보자고 하셨다. 다섯 살 아들은 손에 잡고 두 살 딸은 멜빵 띠에 앞으로 안고 나갔다. 본부장님이 대번에 나를 알아보시고 테이블에서 일어나 마중해주셨다.

"안녕하세요. 조금 전에 전화로 인사 올린 고○○의 안사람입니다. 이렇게 번거롭고 성가시게 해드려 죄송합니다."

"고○○이 아들과 딸 남매를 두었군요."

"네, 그렇습니다. 아직 어려서 맡길 만한 데가 없어서 결례를 무릅쓰고 데리고 나왔습니다."

"고 녀석, 아빠를 빼닮아 잘생긴 귀골이네. 어디…."

잠든 딸을 보시며 "천생 여자네요. 눈을 감고 있어도 예쁘네요. 애기들 키우는 것만 봐도 고○○이 부인복이 많은 것 같습니다." 하고 긴장을 풀어주셨다.

"본부장님! 먼저 죄송한 말씀부터 전합니다. 제가 오늘 본부장님을 뵈러 여기까지 찾아뵌 건 애들 아빠가 몰랐으면 좋겠습니다. 애들 아빠 만나 3년 넘게 교제 후에 결혼생활을 하면서 지금까지 지켜보았습니다. 부부의 일은 아내만이 잘 알지 않겠습니까? 어떤 연유로 좋지 않은 결과를 만들어 회사에 민폐를 드리게 되었는지 저도 자세히는 알 수 없지만, 다른 건 몰라도 올곧고 선한 마음을 갖고 열심히 사는 사람이라는 건 인정해주고 싶습니다. 제가 오늘 부탁드리고 싶은 말씀은요. 오직 밖으로 돌며 자유롭게 영업 일만 하던 사람을 ○○연구소로 가라는 말씀은 숨도 쉬지 말고 근신하고 대기하라는 말씀은 아니신지요? 앞으로 한 번만 더 같은 일이 반복되면 아내 된 입장에서 제가 모든 걸 안고 가겠다는 것 약속드리겠습니다. 저를 믿고 연구소 대기발령만큼은 철회해주십사 간곡히 부탁드립니다."

"고○○이 아내 복이 엄청 많은 친구였네요. 지금 사시는 곳은?"

"부천 원종동에서 거주하고 있습니다."

"여기까지 아이들 데리고 오시느라 수고 많으셨습니다. 택시

타고 들어가세요. 집으로 돌아가 계시면 제가 따로 연락드리겠습니다."

"본부장님! 제가 돌아가서 차후에 본부장님 연락을 기다릴 마음이었다면 이렇게 나오지도 않았습니다. 지금 이 자리에서 관철해주시겠다고 확답을 주셔야만 저는 마음 편히 돌아갈 수 있을 것 같습니다!"

내 앞에서 자고 있던 딸이 깼다. 배가 고플 텐데도 자다가 깨서 낯도 안 가리고 빙그레 웃으며 본부장님께 눈인사를 한다.

"아이들이 참 예쁘게 자라고 있네요."

"예쁘고 곱게만 봐주셔서 감사합니다."

"제가 책임자이긴 하지만 혼자 결정할 일은 아니니 돌아가 계십시오."

"네, 무슨 말씀이신지 잘 알겠습니다. 전권은 없으시겠지만 결정권은 갖고 계시리라 믿고 그럼 돌아가서 제가 듣고 싶은 답변 기다리고 있겠습니다."

택시를 잡아주셔서 편안히 귀가할 수 있었다.

다음 날, 대기발령이 풀리고 영업부 일을 다시 하게 되었다며 기쁜 소식을 전했다.

스텝하니

어딜 가든 내가 주인이다

아이들 아빠가 사적으로 쓴 회사 공금액을 변제하느라 가지고 있던 여유 자금이 바닥나고 말았다. 아이들 아빠는 다시 영업부 일을 다시 할 수 있게 되었고, 우리 가족은 경기도 부천시 원종동 소재의 방 두 칸짜리 아파트에서 월세부터 시작하게 되었다. 현재 보유 중인 자금으로는 내 취향, 내 입맛에 맞는 집을 선택할 수 없었다. 다만, 집 주변의 교육 환경과 아파트 내부의 상태는 보수적으로 면밀히 검토한 후에 결정했다.

아파트의 위치는 버스 정류장에서 떨어진 외진 곳으로 선택했다. 외진 곳은 수요가 적어 가격 대비 좋은 곳을 만날 확률이 높다는 확신이 들어서였다. 최소의 비용으로 가성비를 높이고 외진 곳에 숨은 틈새 물건을 찾기 위해 발품을 아끼지 않았다.

부산 아파트 이사 날짜에 맞춰 집을 비워 주어야 했기 때문에 시간이 별로 없었다. 세 살, 여섯 살 어린 두 아이를 데리고 부동산을 샅샅이 뒤져서 다행히 이틀 만에 예산에 맞는 집을 찾았다. 원종동 아파트는 마트, 관공서, 은행, 병원 등 편의시설을 이용하기에는 불편함이 컸지만, 유흥주점이 없어서 조용하다는 이점이 있었다. 신축된 지 2년 된 아파트로 새집증후군의 원인이 되는 시멘트독은 이미 빠진 터라 조건을 어느 정도 충족시켜 주었다.

아파트 1층은 프라이버시가 침해받을 수 있어 특별한 이유가 없다면 피하고 싶어 하는 층이라 임대 회전율이 저조한 편이었다. 나 역시도 자금 여유만 있었다면 눈길을 두지 않았을 층수였다. 임대차 시장의 현실을 파악하고 있는 집 주인 역시 월세금을 약간 조정해서라도 가능한 한 계약을 성사시키고 싶어 했고, 나의 몇 가지 제안 사항이 관철되자 임대차 계약을 미룰 이유가 없었다.

실내 구조는 일자형에 기역자 구조라 앞뒤 창호가 마주 보고 있어 맞바람으로 환기를 시키기에 용이했다. 또 방 두 개가 오픈형으로 나란히 붙어 있어서 싱크대에서 조리하다가도 아이들 노는 모습을 살펴볼 수 있어 양육 환경으로도 걸맞은 구조였다. 벽지 상태가 칙칙하고 프린트 벽지라 산만해 보인다며 집주인께 교체를 요청했다.

집주인은 월세 임대는 벽지 교체를 해주는 걸 수순으로 알고 있었다. 집주인에게 예산을 지원받아 벽지 컬러와 원단의 질을 높여 직접 골랐다. 고가의 수입 벽지로 고르다 보니 예산을 초과해서 추가되는 금액은 출혈이 뒤따랐지만, 나와 내 가족의 쾌적함을 위해 필요한 지출이라고 생각했다.

나는 새로운 주거 공간으로 이동할 때마다 공간 인테리어와 벽지 컬러, 바닥재, 커튼, 조명의 조도를 심히 고민한다. 그에 따르는 지출도 마다하지 않는다. 그 이유는 분명하다. 환경이나 분위기에 의해 심신이 안정되면 그때 나오는 몸의 기와 에너지의 파장이 있다. 잘 꾸민 집은 가족들에게 정서적 안정을 찾아주고 질 높은 주거를 제공해준다. 인테리어가 기쁨과 행복을 줄 수 있다. 내가 인테리어에 공을 많이 들이는 이유는 건강한 휴식과 위로는 집에서부터 출발한다고 믿기 때문이다. 비록 월세로 들어가는 임차 아파트라 할지라도, 1년만 살다 나온다 할지라도 "대충 살다 나오면 되지 남의 집에 쓸데없이 돈은 왜 발라?"라고 말하는 그들의 사고방식과 나의 사고방식은 다르다.

조세파 머레이 엠스는 말한다. "상황에 관계없이 누구나 스스로가 만든 세상을 살아간다." 남의 집이니 나는 그저 임차인에 불과하다고 생각하며 살아가는 사람은 임차인에서 벗어나기가 쉽지 않다. 어딜 가든 내가 주인이요, 나로부터 영향력이 나온다고 생각하며 살아가는 사람이 자신도 밝아지고 주위도 밝게 한다. 나의 세상은 내가 만들어가는 것이다. 나의 세상이 주변 사람들에게로 확장되는 것이 좋은 삶, 기쁜 삶이다.

나로부터 시작된 쾌적하고 센스 있는 공간 마련으로 행복을 지으며 살다가, 그 공간과 새로이 인연이 될 가족들이 잘 살도록 배턴 터치를 해주고 나오는 일. 이것은 일석이조의 기쁜 일이다. 의식주 중에 주거를 누군가에게 대물림하는 일은 복 짓는 일임을 나는 누구보다 잘 알고 있다. 누가 될지 모르지만 그 공간과 인연이 될 가족에게 행복과 기쁨의 혜택을 나눠 줄 수 있다면 더할 나위 없는 행복 아니겠는가? 그것은 또한 나의 향기고 아름다운 흔적이다.

'선순환의 구조가 나로부터 시작된다'라는 의식을 갖고 있는 나는 매사를 허투루 결정하지 않으며 쉽게 선택하지도 않는다. 그러나 한 번 선택한 것은 반드시 결실을 맺는다.

나는 왜 남들이 선호하지 않는 1층 아파트를 선택했을까? 세 살, 여섯 살 두 아이가 밖에서 노는 모습을 집 안에서도 살펴볼 수 있어서다. 1층 아래는 지하 공간이라 늦은 밤 아이들이 뛰더라도 조심스럽지가 않아서다. 지하 창고를 독점 사용할 수 있는 용이성 때문도 있었다. 부산에서 거주하던 공간보다 축소되어 수납공간 부족 현상으로 난감했는데 자리를 찾지 못한 가재도구들의 임시보관 장소로는 안성맞춤이었다. 아이들이 놀다가도 물을 마시고 싶으면 쪼르르 달려와 먹고 갈 수 있는 동선도 좋았다. 자전거를 타고 놀다가는 바로 현관 앞에 묶어 두면 되어 보관도 용이했다. 1층은 잘만 꾸며 놓으면 숍처럼 변신시킬 수 있다는 약간의 가능성을 염두에 두고 1층을 선택했다.

아들이 여섯 살 되던 해에 몬테소리 유치원에 입학시켰다. 경쟁률이 치열해서 새벽부터 가서 줄을 서서 입학에 성공시켰다. 부천역 부근이라 집과는 거리가 멀었다. 셔틀버스가 운행되어서 통학에 지장은 없었지만, 셔틀을 놓치면 데려다주고 데려오는 거리가 만만치 않았다.

아들에게는 당시 연예인 차인표를 닮았다고 해서 고인표라는 수식어가 붙어 있었다. 아이의 드레스 코드와 퍼스널 컬러는 올 블랙이나 차콜그레이, 화이트 톤으로 믹스 매치해서 입혔다. 또래 아이들은 한 벌짜리 트레이닝복에 강시 만화가 그려진 운동화를 신고 다닐 때 나는 조금 별나게 아이를 키웠다. 아이에게 어울리는 옷만을 입혔다. 귀족풍의 이미지를 살리고 싶었다. 또래의 아이들은 원색 트레이닝복에 패딩점퍼를 입고 다닐 때 내 아이는 블랙과 그레이, 화이트로 된 우분 소재로만 입혔으니 앞서가는 코디로 단연 눈에 띌 수밖에 없었다. 아들의 이미지에 맞는 영에이지 구두와 롱코트, 수트, 가죽 팬츠에 니트 차림. 아이는 유치원에서 독보적인 베스트 드레서로 회자 대상 1순위였다.

조금은 남다른 아이였다. 절대 음감을 타고난 예술성이 있는 아이, 청아한 목소리로 노래도 잘 부르는 감각적인 아이로 성격도 차분하고 온순했으니 어찌 여자아이들에게 주목받지 않았겠는가? 그 덕분에 엄마인 나도 유치원에서 멋쟁이 엄마로 주목을 받았다. 한번은 소풍을 따라갔는데 아들 이름만을 거론하며 자모들이 삼삼오오 모여 웅성웅성했다.

"도대체 고○○이가 누구야? 우리 딸이 집에만 오면 석이 석이만 노래를 부르던데."

엄마들의 호기심 어린 웅성거림과 "○○엄마는 누구야? 오늘 왔나? 저 사람인 것 같아!" 등등으로 시선과 주목을 한 몸에 받고 있던 어느 날, 문득 획기적인 사업 아이템 하나가 불쑥 내 머리 위로 떠올라왔다.

'아하! 내 아이에게 코디해서 입히는 마음으로 아동복을 골라 유치원 엄마들에게 전달해보면 하나의 비즈니스가 되겠구나!'

그때부터 가슴이 쿵쾅쿵쾅 뛰면서 마구 설레기 시작했다. 유치원 자모들 사이의 입소문을 기회로 삼아 틈새시장을 공략해보기로 밑그림을 그리니 고구마 줄기 따라오듯 많은 아이디어가 번뜩였다.

내가 원하는 일은 무엇인가? 나만의 스타일과 일상에 어울리며 적성에 맞는 일, 나만의 가치라 여기며 기뻐할 수 있는 일, 나이기 때문에 잘할 수 있는 일. 의류 코디네이터로서 타고난 인테리어 센스를 발휘하여 내 아이와 내 집을 넘어 고객들을 만나 가치와 인품을 전할 수 있는 일. 이런 일을 비즈니스로 삼는다면 기쁨과 보람을 느낄 수 있을 것 같다는 생각을 갖게 되면서 희망이 보이기 시작했다. 이때의 생각이 계기가 되어 그동안 무수히 많은 측근들로부터 받은 칭찬을 자산으로, 그리고 나의 타고난 감각을 밑천으로 삼아 의류 사업의 발판을 마련하게 되었다.

나는 보여줄 것이 있을 때 움직인다

나는 평범한 여자다. 평범한 남자의 아내다. 아들과 딸, 두 아이의 평범한 엄마다. 기본적인 의식주의 행위 중 유난히 주(住)를 표현하기를 좋아했고 꾸미기를 즐기고 행했다. 단지 내가 좋아서 그랬을 뿐인데 많은 사람으로부터 시선을 받을 수 있었다. 나는 원래부터 감각이 타고났으며 내가 이루고 만든 결과물이라는 자만심을 갖고 있었다. 이것은 귀한 능력을 귀히 쓰라는 하늘이 준 크나큰 은총이며 축복임을 조금 늦게 알아차렸다. 그래서 그런 칭찬을 칭찬으로만 받지 않고 축복으로 받으며, 그 축복의 날개를 써서 나만의 사업 아이템을 꾸려본다.

나는 미키방을 꾸미기로 했다. 미키 제품을 아이템으로 정한 이유가 있었다. 아이들을 데리고 일본 디즈니랜드 여행을 한 번 다녀오고 싶다는 생각이 참 많이 들었었다. 개인적으로 산레오 캐릭터인 개구리를 많이 좋아했다. 개구리와 초록, 연두를 보면 에너지가 샘솟는다. 개구리처럼 최대한 땅바닥에 다리를 조아리고 있다가 "자! 나, 나간다. 이제부터 뛴다요!" 하면서 있는 힘을 다해 점프해서 최대한 멀리 가는 모습이 그동안 숨어 있던 나의 행동 패턴이었다.

아들이 미취학 상태에서 뭐가 그리 급했는지 서둘러 책가방, 신발주머니, 우산, 우비, 타월, 실내화, 양말, 운동화, 장화 등 산레오 초록이들을 모두 사놓았다. 학교에 들어가 예상대로 인기몰이를 했다. 너무 유행을 하다 보니 복제품이 돌았지만 허접해서 볼 수가 없었다. 당시 아무도 캐릭터에 관심을 갖지 않을 때라 오히려 나는 기회로 삼았다. 수요가 의외로 많을 것으로 점쳤다. '나로부터 알려져서 예쁜 나의 아가들이 캐릭터 하나씩을 좋아하게 만들면 좋겠네'라고 기대하는 마음이었다.

예상대로 미키방의 컨셉과 취급하려는 아이템들은 적중했다. 상호는 '미키방'으로 정했다. 1층 베란다 창문 유리창 사이즈에 맞게 우뚝 서 있는 대형 미키 한 마리를 간판 대용으로 이미지를 디자인했다. 밖에서 누가 보아도 디자인, 인테리어, 소품, 의류를 파는 오밀조밀 아기자기한 미키방이었다. 점포

얻을 자금이 없었기 때문에 현재 살고 있는 아파트 1층에 나만의 첫 사업장을 알토란처럼 꾸려보았다. 좋은 아이디어였다.

우선 아이들 방을 비우고 매장처럼 꾸며보았다. 남대문 시장에 나가서 대발 다섯 개를 사다가 벽면에 대발을 길게 펼쳐서 적당한 간격을 띄워 디스플레이 벽 공간을 만들었다. 적벽돌 30장을 사다가 쿠킹호일에 일일이 쌓아서 윈도우를 만들고 연못처럼 동그랗게 쌓아 올려 의류, 소품 매장처럼 공간을 꾸며 놓았다. 조명은 장 스탠드에 주름 갓 두 개를 씌워 어두운 코너 쪽을 밝혀주었다. 연희동 등가구점에 나가서 3단짜리 등가구를 사다가 코너 쪽에 비스듬히 놓고 서랍 세 개를 계단식으로 열어놓고, 남대문 모피 상가에서 사입한 토끼털을 등가구 위에 펼쳐서 보기 좋게 연출해놓았다.

집에 있던 원목 피아노를 회색 커튼이 내려진 창문 쪽 중앙으로 붙이고 가죽시트로 된 피아노 의자도 소품으로 활용했다. 천정은 형광등을 제거하고 앤티크 샹들리에를 떨어뜨려 웨딩 스튜디오보다 멋지고 아늑하게 변신시켰다. 누가 보아도 고급 럭셔리 소품 샵이었다.

이제, 주요 고객층인 20~30대 유치원 자모들과 미술학원 등록시킨 엄마들이 좋아하고 필요로 할 센스 있는 각종 소품과 이너웨어, 인테리어 제품, 잔잔한 주방용품 및 수입 장식품 등 예쁜 것은 다 모아다 놓았다. 취급 품목들을 보기 좋게 진열하고, 벽과 소품들을 이용해 방 하나를 갤러리처럼 꾸렸다. 혼자 보기 아까운 장면이었다. 이를 설명하자니 말로는 부족하다.

오픈식은 조촐하게 유치원 자모들 20명에게만 초대장을 발송했다. 오픈 선물로는 황금색 타원형 바탕에 은색으로 '스위트룸'이라고 쓰인 수입 장식 액자를 여유 있게 50개를 준비했다. 최고로 멋진 포장지에 최고로 멋진 리본으로 일일이 포장을 했다. 음식은 무지개떡과 칵테일 과일 컵, 수정과로 간단하고 정갈하게 준비했다. 매장 오픈 준비를 위한 초도물량 구매비가 총 100만 원이었다. 오픈을 하루 앞두고 하루에 10만 원씩만 매출이 발생하기를 기도했다. 오픈 날 40만 원의 매출이 있었다. 감사 기도를 했다. 오픈 이틀째가 되었다. 70만 원의 매출이 있었다. 또 감사 기도를 했다. 이틀 동안의 매출로 초기에 투자한 100만 원은 오픈 이틀 만에 회수 할 수 있었다. 소문 듣고 오는 낯모르는 손님들 때문에 아이들 밥도 챙겨주지 못해 아이들에게 미안했다.

나는 그 후로도 장사가 너무 잘돼 하루에 보유 제품 중에 70% 이상이 팔려나가면 물건 사입을 위해 이틀에 한 번씩은 셀렉 하러 도매시장을 다녀와야 했다. 손님들이 오면 팔고 있는 제품만 구매하면 되는데 "피아노도 팔아라. 등가구도 팔아

라. 저건 안 파냐? 이것도 파는 거냐?" 하며 남의 숟가락, 포크까지 눈독 들이는 사람들도 있었다. 행복한 고민이 아닐 수 없었다. 집에서 쓰는 모든 것을 팔라고 해서 눈치껏 고객이 맘 상하지 않게 거절하느라고 힘든 날도 있을 만큼 행복한 나날이 쌓여가고 있었다.

하늘은 스스로 돕는 자를 돕는다. 언제 떠날지 모르는 월세살이라고? 남의 집에 돈은 왜 바르냐고? 대충 살다가 떠나면 되지 않냐고? 복습 삼아 내게 일어난 일련의 과정을 점검해본다. 내가 왜 매번 결정하기에 앞서 자신을 믿고 내 생각을 존중하고 믿고 행했는지를.

자금이 바닥나 한 치 앞을 모르는 상황에서 보증금 1천만 원의 월세 아파트에 수입 벽지가 가당키나 한 발상이냐고, 정신 나간 일이라고, 그건 허황된 거라고 한 푼이라도 비축하여 움켜쥐고 있다가 정작 필요한 곳에 써야 했다고? 내가 그렇게 시작을 했고 그동안도 그리 살았더라면 나의 삶은 지금까지 살아온 것보다는 수월했을 것이다. 그러나 나는 나답게 살아가려고 이곳에 왔지, 심플하고 수월하게 편히 살려고 이곳에 오지 않았다.

준비 없이 어느 날 문득 사업 아이디어가 떠오른다고? 그저 주인 분이 알아서 골라준 벽지를 바르고 타성에 이끌려 살았어도 1층 아파트를 숍으로 대신할 수 있었을까? 숍으로 대신할 수 있었다 치더라도 눈에 띄어 지나가다 들어오는 로드숍도 아닌데 그렇게 물건이 불티나게 팔려나갈 수 있었을까? 팔려나갈 수 있었다 치더라도 돈을 벌고 나서 마음에 기쁨이 흘러넘쳤을까? 나의 손길로 스스로 원하는 공간을 만들지 않았다면 애초에 그 어떤 구상도 떠오르지 않았을 테고, 비즈니스는 시작도 못 했을 것이다.

나는 보여줄 것이 있을 때 움직인다. 국물이 준비되었을 때 움직인다. 누가 뭐래도 내가 만족하고 가치와 기쁨을 느낄 때 행한다. 처음부터 의도하진 않았지만, 고객과 내방자는 벽지 컬러와 커튼을 고른 나의 감각을 믿어주었을 것이다. 나의 가치를 보고 그곳에 놓인 소품들이 더 예뻐 보여서 집에 있는 것을 다 사 가고 싶어 했을 것이다. 준비된 자만이 기회가 왔을 때 잡을 수 있다. 이것이 자신감이다. 이것이 진정으로 나를 사랑하는 삶이며, 이것이 사업을 펼치는 나만의 삶의 방식이다.

ALEXANDRIA
Yi ryeong Kim
2016 제4회
스텝하니

selec TI on

보이지 않는 것을
본다는 것도 선택이다

호흡을 느끼는 감각

다른 사람들은 보이는 것만 보고, 듣고 싶은 것만 듣고, 보고 싶은 것만 본다. 나는 보이지 않는 것을 보고, 모든 소리에 귀 기울이며, 사고를 전환하여 현상 그 이상의 것을 본다.

전자의 사람은 "뭐래니?"라고 반응한다. 나에게 나타나는 것은 '두근거림, 가슴 뜀, 설렘, 촉, 직관, 예지, 예감, 인식, 사고, 틈, 사이'이다.

다른 사람 눈에는 안 보인다고 하는데 내 눈에는 보일 때가 있다. 점포, 상권, 위치, 가능성 같은 것이다. 다른 사람은 안 된다고 하는데 나는 된다고 한다. 시기, 지역, 아이템을 보는 관점이 다른 것이다. 다른 사람은 지금은 시작할 때라고 하는데 나는 지금은 끝낼 때라고 한다. 시장의 트렌드를 감지할 줄 알기 때문이다.

다른 사람은 "그건 안 돼."라고 하는데 나는 "세상에 안 되는 건 없어."라고 한다. 전자의 사람은 자신의 경험에 의존하여 근거가 있냐며 따진다. 그가 지닌 것은 두려움, 선입견이다. 그는 왜곡된 눈으로 세상을 본다. 나는 될 때까지, 어떻게든 '되는 길'을 본다.

다른 사람은 "그건 끝났어."라고 하는데 나는 "시작만 있을 뿐이지 끝은 없어."라고 한다. 전자의 사람은 실패와 좌절, 변명, 포기, 망연자실과 함께 산다. 나의 삶은 성과라는 결실과 함께한다.

다른 사람은 "그 사람 만나봐야 소용없어."라고 하는데 나는 "그 사람을 만나야 안 될 일도 될 수 있어."라고 한다. 시도는 호흡이다.

6개월간 무점포 소자본 창업 경험으로 로드숍 오픈을 서두르고 싶어졌다. 좀 더 구체적인 큰 그림을 그려도 되겠다는 자신감과 확신이 생겨서다. 매입 매출로 인한 돈의 흐름과 물질 에너지의 파동으로 인해 삶에 활력과 성취감을 되찾을 수 있었던 것이 가장 큰 이유였다.

쉼 없는 직장 생활과 여백 없는 조직 생활을 활기차게 해오며 느끼던 성취감과 행복을 뒤로하고 결혼과 육아로 나의 일은 모두 중단되었다. 배우자로 인해 한 번도 돈에 구애받지 않고 풍요를 누려오다가 의지해야 할 가장으로부터 경제력에 대한 리스크와 위기감을 느끼면서 미래에 대한 꿈을 잃어갈 때 내가 잘할 수 있는 일의 키워드를 다시 찾고 홀로 설 수 있는 도구를 손에 움켜쥔 기분이 들었다.

수익과 비용이 교차하는 손익분기점에 도달하는 속도가 예상했던 것보다는 빠른 편이었다. 누구에게 배우지도 않았고 물어본 적도 없는데 기본적으로 장사의 스킬과 감각이 있음을 알게 되었다. 수익의 안정성이 기대 이상으로 높았음을 6개월간의 데이터로 확인할 수 있었다.

판매에는 방문판매, 매장 판매(쇼룸), 네트워크 판매, 전화판매, 통신 판매 등이 있다. 단순 판매는 정해진 아이템만 구비해놓고 찾는 이들에게 수량만 공급해주면 된다. 그때 판매되는 수량에 따른 금액은 지극히 제한적일 것이다.

그러나 여성 부티크 매장은 의류, 소품, 액세서리 등 풀 코디가 가능한, 즉 스토리가 있는 차별화된 매장으로 꾸며놓는다면 이야기가 다르다. 내방자가 니즈 없이도 우연히 숍 앞을 지나가다가 전시된 옷이 너무 예뻐서, 친구 따라, 아이쇼핑 목적으로 별 뜻 없이 방문했다가 숍마스터가 자신에게 맞는 스타일

링을 해주고 일대일 코디로 제안을 해준다면 지갑을 열어 매출로 연결될 가능성이 매우 높은 비즈니스 아이템이었다. 잠재고객을 확정 고객으로 마음을 움직이게 하는 건 숍마스터의 능력일 테지만 말이다.

여성 의류 창업은 니즈만 충족되면 구매 금액에 제한을 두지 않는 마니아층을 구축해갈 수 있는 강점이 있어 1인 객단가(매출)를 높일 수 있는 승산 높은 비즈니스였다. 객단가가 낮은 단품을 열 사람에게 판매하는 것보다 한 사람에게 풀 코디로 마니아를 만들어가겠다는 것이 나의 마케팅 전략이었다. 숍마스터의 패션 코디 조언에 전문성과 진정성이 느껴지면 고객들은 사전 구매 계획 없이도 현장 구매 확률이 높다는 것을 경험상 알게 되었다. 고객을 돈으로 보지 않고 진정성 있게 스타일 제안해준다면 재구매 성사확률이 높은 비즈니스였다.

질 높은 상품 구성과 일대일 맞춤 이미지 메이킹 전략에 포커스를 맞추고 차별화 전략으로 인지도 높은 숍을 구상하고 있었다. 제2의 창업을 꿈꾸며 무점포가 아닌 개인 사업장을 제대로 오픈하기로 결단을 내리고 내 품과 격에 맞는 매장 자리를 발굴하러 다니기 시작했다.

위치는 집에서 가까운 곳으로 정했다. 유동인구가 많은 곳은 프리미엄이 높게 형성되어 있어서 일단은 배제하기로 했다. 나의 경우 유동인구가 많은 복잡한 위치보다는 조금 한적한 곳에 내 숍만 돋보이는 이면도로가 오히려 제격이라고 여겨졌다.

무권리 점포로 평수는 10평 이상이어야 했다. 매장은 크지 않아도 되었지만, 아이들을 위한 방은 크게 확보할 생각이었다. 두 아이를 방과 후에 레슨도 보내려면 매장 앞에 셔틀버스가 잠시 주정차할 만한 환경이 되어야 했다. 방 뒤에는 가건물로 주방 시스템도 낼 계획이었다. 그러려면 상가 후면에 출입문이 있어야 했다. 전면 구조도 매장 앞에 경사도가 없는 평평하고 윈도 폭이 적당한, 잘생기고 깊이가 있는 것이 필수 항목이었다. 매장 앞이 경사지면 접근성이 떨어지고 보기에도 안정적이지 않으며 풍수학적으로도 금기시되는 구조여서 피하고 싶었다.

매장의 전면은 직사각형 구도가 의류매장으로는 이상적이다. 너무 전면이 넓으면 볕이 매장 안으로 흡수되어 조명 효과가 떨어질 수 있다. 인테리어를 해놓고 나면 멀리서 바라보아도 럭셔리한 부티크의 느낌을 돋보이게 할 수 있는 매장의 안정적 구도는 전면이 좁고 깊이가 깊은 직사각형 구도의 매장이다. 디스플레이의 컨셉을 부각시키기에도 용이하다.

아이템은 20~30대 엄마들을 위한 편안한 옷으로 집에서 입기에도 과하지 않고 가볍게 외출하기에도 부족하지 않은 아이템으로 설정을 했다. 매장 안은 다양성 있는 고퀄리티 편집숍으로 콘셉트를 정했다.

상호는 '내추럴 스타일 예쁜 옷가게 애플-!'로 정했다. 간판에는 크게 사과를 그려놓고 한 입 깨물어 베어 먹은 빨간 사과 그림에 흘림체로 '내추럴 스타일 예쁜 옷가게', 고딕체로 '애플-!'이라고 디자인을 정하고 간판의 시그니처 컬러는 흰색과 쨍한 빨강으로 정해두었다.

시장조사차 틈틈이 돈암동 성신여대 앞, 신촌, 이대 앞, 홍대 앞 등 주로 여자 대학교 앞의 고급 옷가게들을 장기간 둘러보면서 벤치마킹을 했다. 우선 어느 매장이 내 취향과 스타일이 맞으면서도 컬러, 원단, 바느질, 디자인 등을 잘 갖추어 놓았는지를 100군데 이상을 발품 팔며 돌아보았다.

그렇게 하는 이유는 새벽시장은 입어볼 수가 없을 뿐 아니라 계획 없이 옷을 사다 보면 아이템의 다양성을 잃고 본인이 좋아하는 품목만 몰아서 사게 될 우려가 커서다. 이너만, 재킷만, 팬츠만, 니트만, 신발만 식으로 말이다. 잘못된 사입은 첫 삽을 잘못 뜨는 격이 된다. 그때부터 사소한 일들까지 꼬일 수 있으니 톱니바퀴 돌아가듯이 잘 맞물려갈 수 있도록 시장조사는 필수다.

이러한 이유로 경력이 오래된 프로 사입자들이 고른 제품만 일차적 벤치마킹 대상으로 공부한다. 그러고 다시 나만의 스타일로 뽑아서 크로스 체킹을 한다. 이렇게 하면 시장조사에 들어가는 노동력과 수고도 줄일 수 있다.

다음으로 정해진 옷들의 목 뒤 라벨을 눈으로 확인하고 입어보면서 패턴을 느껴본다. 보기에는 예쁜데 입으면 편하지 않은 옷이 있다. 그걸 잘 체감해 보지 못하면 낭패를 볼 수가 있다. 구매 후 불편하면 고객들은 반품할 것이고 그러면 그 재고 부담을 매장이 고스란히 떠안아야 한다.

그다음 질감과 마감선 바느질을 본다. 그 또한 피팅을 해보고 안쪽 마감선을 얼마나 꼼꼼하고 곱게 마무리했는지 체크해야 한다. 안쪽 마감선은 옷의 생명선이기 때문이다. 착용감(피팅감), 텐션(신축성)도 체크해야 할 중요 포인트다. 부자재로 사용한 것도 꼼꼼하게 살펴야 한다.

다음은 사이즈 확인이다. 같은 55 사이즈라도 미시용과 미스용으로 패턴의 차이가 있다. 그러므로 매장의 콘셉트에 맞게 미리 체크해두어야 한다.

여러 군데 잘되는 매장들을 돌다 보면 겹치는 디자인의 옷을 발견하게 된다. 그 아이는 에이스 아이템이니 무조건 확보한다.

그렇게 피팅 작업이 끝나면 동대문 시장으로 나간다. 학교 앞 매장에서 본 케어 라벨을 찾는다는 건 서울에서 김서방 찾기 식이다. 눈에 촉이 있으면 학교 앞 매장에서 본 옷을 수월하게 발견할 수 있다. 그럼 그 매장에서 내 매장의 드레스 코드로 다시 여과 절차를 거치는 것으로 사입의 리스크를 최대한 줄일 수 있다.

매장 운영 베테랑들의 노하우만 따라 해도 반은 성공한다. 치밀하게 계획을 세워놓고 동선을 그려놓는다. 매장 오픈 전 물건 사입 날 우왕좌왕하지 않고 동선대로만 다니면서 미리 정해놓은 아이템 등을 사입해나가면 성공적인 사입을 끝낼 수가 있다.

매장 자리가 하나 나왔다. 미용실 하던 자리인데 매장 위치가 외지다는 이유로 2년간 임대 스티커가 붙어 있는 매장이었다. 내 눈에 딱 들어왔다. 직접 임대였지만 주인과 직거래는 임차인 입장에서는 부동산 중개 수수료 절감 외에는 불리할 수도 있다. 그래서 나는 수수료를 지불하더라도 부동산을 통했다. 왜냐하면 남의 부동산의 가치를 함부로 깎아내리는 건 큰 결례가 아닐 수 없기 때문이다. 부동산에서는 계약 성사를 위해서 지혜롭게 협상을 해준다. 협상 시에 나의 조건을 제시한다. 이렇게 부동산을 통하면 매끄럽게 거래가 성사된다. 부동산 수수료 이상의 혜택과 보호를 받을 수 있다.

부동산 사장님이 빈 점포의 셔터문을 여는 순간 곰팡이 냄새가 코를 찔렀다. 장마를 2년째 보내면서 환기하지 않은 채 빈 점포로 방치되어 있었으니 그럴 만도 했다. 매장을 보는 순간 인테리어 구상이 20초 만에 끝! 매장 내부 인테리어 콘셉트도 그려졌다. 부동산 사장님이 어떠냐고 물으신다. 2년도 안 나간 매장인데 서두를 일은 아니었다. 일단은 좀 더 생각해보겠다고 했다.

2주 정도를 매일 가서 눈도장을 찍었다. 그렇게 그 가게를 주시하면 오픈 준비된 매장의 시뮬레이션이 보인다. 그때도 같은 마음이면 계약을 진행한다. 결정 전 누구와도 의논하지 않고 혼자 조용히 결정한다. 왜냐하면 다른 사람들은 나만큼 절실하지 않기도 하고, 누군가가 별로라고 말해도 어차피 나는 결정할 거니까.

철저한 준비 작업을 거쳐 '내추럴 스타일 예쁜 옷가게 애플-!' 매장이 완성되었다. 새 물건 해오는 날은 오픈 시간 전부터 셔터문이 들썩들썩할 만큼 고객들이 미리 문 앞에 와서 기다렸다. 동네에서 애플 쇼핑백 안 들고 다니는 사람은 간첩

이라는 유행어가 나돌 정도였다. 이웃 동네와 대중목욕탕에서도 견고한 비닐에 펀칭된 손잡이까지 예쁜 애플 쇼핑백을 들고 다니는 걸 보면 나의 마음은 자부심으로 충만해졌다. 결국 애플 고객 중 한 분에게 고수하고 있던 등가구와 피아노는 성화에 못 이겨 시집보내고 말았다.

물건 사입은 주 2회로 바삐 다닐 만큼 매출은 하루하루 목표 이상을 채워나갔다. 이월상품 재고나 반품 건도 제로인 매장으로 동네 멋쟁이 엄마들의 시끌시끌한 놀이터 겸 카페가 되었다. 멀리 송도에서, 화곡동에서, 고강동에서, 목동에서 일주일에 두 번씩 출근 도장을 찍는 고객이 대부분이었다.

주변에서 나를 지켜보던 엄마 몇 명이 다가와 옆에서 무보수로 허드렛일을 거들어주면서 운영 노하우를 배우고 싶어 했다. 하지만 나는 1인 숍을 고수하며 일언지하에 사절했다. 내가 1인 창업을 체계적으로 성공시킬 수 있었던 건 준비된 자신감에서 나오는 당당함과 전문성, 트렌드의 흐름을 잘 읽어 끊임없이 변화를 주고 싶어 하는 고객들의 욕구를 충족시켜주는 센스, 작은 약속도 소중히 여기는 일관성과 부지런한 자세, 고객의 마음을 먼저 헤아려주는 배려의 마음과 섬김의 자세가 고객들에게 주목받는 키워드였기 때문이다.

인생을 되돌리고 싶을 때가 있다

인천 작전동에 매장을 오픈한 지 3년 차다. 기대와 바람대로 믿음이 현실로 이루어지며 순조롭게 사업도 잘되어 통장 잔고가 차곡차곡 쌓여가고 있었다.

몇 년간 모은 자금으로 매장 길 건너편에 32평짜리 아파트 전세도 얻었다. 2년 정도 살다가 그 전셋집을 아예 매입할 요량으로 평생 살 것처럼 인테리어와 가구를 세팅해 놓았다.

주 4회 도우미 아주머니도 오시게 해서 매장과 살림집까지 식사와 가사 전반을 담당하게 했다. 그만큼 노동 시간을 줄이고 나는 온전히 매장 관리에만 매진할 수 있도록 역할분담을 확실히 해놓았다.

아들이 예능 쪽으로 재능이 보임을 일찍이 알고도 시침 떼고 있다가 바이올린 레슨도 시작했다. 공부에 집중 못 하는 아들을 학원 수업에서 개인 과외로 돌렸다. 그렇게 아이들 교육에도 어느 정도 체계를 잡아가고 있었다.

아이들 아빠 차도 신형 모델로 바꿔주었다. 결혼 후 알게 된 일이지만 총각 때부터 어금니 두 개가 발치 된 상태로 치아 배열이 미세하게 이동되는 것을 보고만 있었는데 마음먹고 치아도 해주었다. 매년 아이들 방학 때가 되면 엄마의 손길을 받지 못하는 아이들에게 미안함의 보상으로 방학 때 스키캠프, 수영캠프도 보내고 돈이 없어 못 하는 일은 더 이상은 없었다. 아이들이 좋아하는 패밀리 레스토랑에 가서 가격표 보지 않고 식사를 마음껏 즐길 수도 있게 했다.

아들은 딸보다 감수성이 예민한 아이였다. 관심을 받고 싶어서 해서는 안 되는 엉뚱한 돌발 행동이 나오기도 했다. 그밖에 몇 가지 문제점이 야기되어 아이를 쥐 잡듯이 잡아도 보았다. 하지만 그 아이의 성향을 고려해야 했다. 아들은 다른 아이들과는 생각의 폭도 다르고 감성지수가 매우 높았다. 그런 만큼 마음의 상처를 심하게 받을 아이라는 걸 알고부터 접근방식을 바꾸기로 했다. 방법을 고민해보니 머리보다 몸을 많이 쓰게 하는 게 아이에게 맞는 교육방식이라 여겨졌다. 검도, 스쿼시 등 스포츠를 왕성하게 시켜서 스트레스를 풀 수 있도록 했다. 공부보다는 집중력과 땀을 내는 쪽으로 방향을 잡고 디테일하게 신경을 쏟으며 양육해가고 있었다.

남 보기에는 수월해 보였어도, 단 한 번도 설렁설렁 매장을 운영한 적이 없었다. 낮에는 사람들에게 치여서 숨 가쁘게 물건을 팔았고, 옷이 빠지는 속도가 빨라 하루걸러 새벽시장에 나가서 동이 틀 때까지 물건을 찾아다니며 억척을 떨었다. 햇수가 거듭될수록 부족한 잠이 누적되어 죽을 만큼 힘든 시간을 보내고 있었다. 그럼에도 힘든 줄 모르고 정신력으로 버티며 불경기 없음에 감사할 뿐이었다. 마치 하늘이 나에게만 물질의 축복을 부어주는 것처럼 장사가 잘되어가는 만큼 통장 잔고는 매일 매일 불어만 가는 감사의 나날을 보내고 있었다. 그럴수록 겸허한 마음으로 사고를 더욱 강건하게 다져나갔다.

하루는 아들이 바이올린 경연대회에 나갔다. 대회가 끝나고 심사위원 중에 한 분이 나를 보자고 했다. 다른 아이들과는 다르게 바이올린 활 쓰는 기교와 감각에 소질이 보인다고 했다. 전공시켜볼 생각이 없냐고 제안을 해왔다.

"죄송합니다. 저는 아이를 돌볼 만큼 시간도 돈도 충분하지 않고 장기적으로 제대로 뒷바라지 못 할 바에는 심사위원님의 제안은 감사하지만 재고의 여지가 없습니다. 아쉬운 마음은 크지만 이 자리에서 명확히 답변드릴 수 있겠습니다."

지금 한창 탄력받아서 돈을 모아가고 있는데, 가게 운영을 해야 하고 아직도 목표가 겹겹인데 아들이 음악을 시작한다면 내 성격상 격에 맞는 모든 것들을 극성스럽게 받쳐주며 성과를 내야 한다는 걸 너무 잘 알기에 분에 넘치는 도전을 포기했던 거다. 아들에게는 타고난 재능을 계발시켜주지 못한 게 참 많이 미안하다. 자녀교육이 내 삶의 우선순위가 될 수 없었다. 나의 목표는 오직 삶의 질을 회복하고 빚 없는 삶을 추구하는 것이었다. 무얼 먹고 사느냐가 아니라 어떻게 사느냐가 내게는 너무도 간절한 삶의 목표였다.

의류 매장을 시작하고 수년 동안 남편의 생활비는 아예 자취를 감추어 받아본 적이 없었다. 그 남자는 생활비를 감당해야 하는 의무로부터 면죄부를 받은 지가 수년째 이어졌다. 남편으로서 해줄 수 있는 거라고는 새벽시장 나가는 날 운전해 주는 것이 전부였다. 그마저도 잘 지켜지지 않아 시간개념이 철저한 나로서는 발을 동동 구르며 제발 시간만 지켜달라고 울면서 호소한 날이 많았다. 시장에 늦게 나가면 주문해야 할 사이즈의 옷이나 인기 있는 신상품들이 다 나갈 수도 있기 때문이었다. 그래서 시장가는 날은 칼처럼 서둘러 아이들 준비시켜 놓고 애가 타게 기다리고 있다는 걸 뻔히 알면서 번번이 약속을 안 지키며 '날 잡아 잡숴' 식이었다.

그러던 어느 날, 긴히 의논할 게 있다고 애원하듯 다가와서는 사업장을 차리게 돈을 구해달라고 했다. "당신이 사업할 돈이 어디 있냐?"라고 하니까 입이 열 개라도 대답을 못 한다. "나보고 돈을 어디 가서 만들라는 것이냐?" 반문을 하며 "부산 공금 건으로 본사 급여가 압류돼 생활비가 끊긴 지 3년! 그나마 가게에서 벌어 감당하고 있는 나에게 위로와 도움은 못 줄망정 적반하장도 유분수 아니냐? 사업장 차려 달라는 이야기를 제정신으로 하고 있느냐?"고 물었다.

"미안해. 이번에 본사에서 좋은 기회로, 이런 기회가 자주 있는 게 아닌데 나에게 그 기회가 왔어."

경쟁사가 없는 독과점 품목이라 보통 2~3년 만에 다 성공한 사례들을 이야기해 준다. 또 한 번만 도와달란다. 그 '한 번만'은 결혼 전부터 15년간 사고 칠 때마다 머리를 조아리며 한 말이었다. 단호하게, 일언지하에 거절했다. 차라리 무소식이 희소식이라고 아침에 나가 다음 날 새벽에 들어오는 투명 인간이 더 그답다. 외박이 잦고 인간 같지 않을 때는 당장 이혼 도장을 찍고 싶었지만 아이들에게 아빠가 있어야겠다 싶어서 마음을 고쳐먹은 적이 참 많았다. 그러나 그는 죽은 거나 다름없는, 가정에 무심한 투명 인간이었다. 안 보이는 게 내 속을 덜 시끄럽게 했다. 안 보이다가 할 말 있다고 나타나서 하는 말은 늘 돈 이야기였다. 내가 몇 년간 쏟아지는 잠과 격투하며 피땀 흘려 번 돈을 단번에 먹어 치우는 재주가 있는 사람이었다.

며칠을 생각하며 나는 또 수심과 고민에 빠졌다. 나에게는 남편이 아니라 무거운 십자가였다. 나는 그의 생명줄인 셈이었다. 그러나 나는 다시 생각했다. 돈으로 해결할 수 있는 고민이 가장 행복한 고민이라고. 돈으로도 안 되는 게 우리 인생사에 얼마나 많은가? 돈이야 건강만 하면 또 벌면 되지 않는가. 새마을금고, 은행, 적금, 예금을 다 털어서 초기 금액을 맞추어 그의 회사 통장에 '베팅'해 주었다. 이어서 기술보증보험사 외 2곳을 따라다니며 이사로 등재하고 보증인으로 인감 날인까지 해 주었다.

사업한 지 1년이 지나가는데도 그에게서 여전히 생활비는 나오지 않았다. 회사생활 할 때보다 외박이 더 잦았다. 어느 날은 아침 7시에 문을 따고 천연덕스럽게 들어왔다. 그 모습은 초췌해서 차마 볼 수가 없었다. 아직 자고 있는 아들 방에 들어가서 아들을 흔들어 깨웠다. 아이가 눈을 비비며 일어났다.

"아들아, 잘 보아라. 어제 아침에 출근한 네 아빠가 방금 귀가 하셨단다. 잘 기억해두어라." 하고 일렀다.

7년이 넘도록 헤어져달라고 애원을 해도 들어주지 않았고 이혼이 쉽지 않을 듯해서 부도덕한 사유를 찾아야만 했다. 잠시 잠든 틈을 이용해 자동차로 갔다. 차 안을 뒤져보니 어머니께 매달 드린 생활비 이체내역 통장을 발견했다. 매월 70만 원씩 1년을 넘게 드렸다. 기가 막힐 노릇이었다. 아들이 변변치 않아 죄송한 마음에 찾아뵐 때마다 며느리 된 도리로 돈을 챙겨 드려 왔다. 그랬다면 그때 내 돈은 받지 마셨어야 했다. 그런데 시침 떼고 양쪽에서 돈을 받아오셨던 거다. 그 아들에 그 어머니였다.

어느 날 아침, 택시를 대절해서 새벽마다 서둘러 출근하는 남편의 뒤를 미행했다. 택시기사님이 영업용 기사 생활한 지가 20년이 넘었지만 정체되는 고속도로에서 저렇게 운전을 잘하는 사람은 처음 보았다고 하신다. 어렵사리 미행에 성공했다. 그런데 회사를 지나치고 있었다. 신도림에 위치한 회사를 한참 지나쳐서 강서구 가양동 주공아파트 앞에 잠시 정차했다.

기사님이 나보고 머리를 숙이라고 해서 잠시 숙이고 있는 동안 기사님이 어떤 아가씨가 다가오고 있다고 해서 슬쩍 쳐다보았다. 회사 오픈식 날 사무실에서 만나 무례한 기억을 안겨줬던 경리직원이었다. 회사 대표가 경리 아가씨를 새벽부터 출근길에 픽업을 한다? 두 번 기가 막힐 일이었다. 다른 것도 캐면 더 나올 수도 있었지만 애정도 없는 남자를 내가 왜 귀한 시간에 뒤를 쫓고 있는지 나 자신이 너무 한심하게 느껴져 모든 일을 그만두기로 했다. 확인한 2가지 이유만으로도 더 이상 재고의 여지는 없었다.

그날 저녁 아들을 불러 앉혔다. 당시 아들 나이는 13세, 6학년 겨울방학 중이었다. 어린 아들을 침대 위에 올려놓고 마주 앉아 할 이야기가 아닌 줄 알면서도 일단 이혼에 대한 동의를 구해야 한다는 마음으로 무작정 붙잡고 내 말만 하고 있는 나 자신이 기가 막혔다. 나도 울고 아들도 울고 있었다. "네 동생은 너무 어려서 엄마가 몸이 아파 요양을 가야 한다고 이야기할 거야. 그러니 너도 동생에게는 그렇게 이야기해 주어야 어린 동생이 상처를 덜 받을 거야. 그리고 새 학년이 되어 주민등록등본을 떼어가게 되면 엄마는 서류상 빠져 있을 거야. 그러니 그 또한 놀라지 말고 미리 이해하고 있으면 좋겠다. 아빠가 이혼을 쉽게 해주지는 않을 거야. 그래도 엄마는 아빠와 더 이상은 같은 공간에서 살고 싶지 않기 때문에 되는 방향을 찾을 거고. 우선 너희 둘은 엄마가 데리고 가겠다고 아빠에게 애원이라도 할 테니까 걱정 말고 너 하던 일 열심히 하면 돼. 엄마도 아무 일 없었던 것처럼 가게 일하던 대로 하면서 엄마의 계획을 진행할 거야. 옆에서 동요되지 말고 두려워하지도 말고 '엄마가 싸우면서 살 용기가 없어서 지혜로운 판단을 내리는구나'라고, 네가 크면 지금보다 이해가 더 잘 될 거야."

그렇게 아들을 데리고 세 번 정도 이혼에 대한 사전 동의를 구했다.

추석날이었다. 그해 추석에는 시댁에 가지 않겠다고 선언했다. 아이들만 데리고 다녀오라고 해서 세 식구만 출발했다. 근데 저녁때가 되어서 애들 아빠가 나를 데리러 왔다. 여러 가지 이유로 가지 않겠다고 고집을 부리니 화를 벌컥 내며 나를 일으켜 세운 후 아무도 없는 집 안에서 안방 문을 잠그고 가구 쪽 코너로 몰아붙이며 목을 짓눌렀다. 숨이 막혀 죽을 것만 같아 순간 위기를 느껴 밀쳐냈다. 손아귀의 힘이 너무 세서 밀쳐냈는데도 목을 잡은 손은 놓아주질 않았다.

발로 그 사람 아랫도리를 차니까 더 강압적으로 목을 조여오면서 내 머리를 가구 코너로 여러 차례 튕기면서 압박을 가했다. 너무 손힘도 세고 숨이 막혀 곧 죽을 것만 같았다. 반항하다가 엄지 쪽이 가구 장식에 찍혀서인지 피가 흐르고 있었다. 그런데도 멈추지 않고 나를 공격하는 그 사람의 눈빛은 인간이 아니라 괴물이었다. 무엇 때문에 그리도 화가 났는지. 그런 모습은 처음 보았다.

집에는 아무도 없고 명절 끝이라 동네가 한적하고 적막한 이때, 이러다가 쥐도 새도 모르게 죽는 건 아닌지, 순간 너무 무서웠다. 뒤통수를 장롱에 몇 번 강하게 압박을 해서 머리가 너무 아프고 힘이 빠지기 시작했다. 그제야 심각성을 알아차리고 멈추었다. 애들 아빠가 따뜻한 물을 가지러 나간 새에 안방문을 걸어 잠갔다. 그리고 오늘은 그만 돌아가라고 했다.

제정신을 차렸는지 "문 앞에 물 갖다 놓았으니 식기 전에 속 가라앉혀." 하며 놓고 돌아갔다. 거울에 비친 내 모습을 보니 너무 초췌했고 목에는 피멍이 올라와 있고 손등도 어디에 찍혔는지 찢어져 피가 고여 말라 있었다. 짐을 챙겼다. 일단 시간이 너무 늦어 그날은 집에서 잠시 눈을 붙이고 다음 날 새벽 목동에 있는 병원으로 가서 진단서부터 끊었다. 3주 진단서가 발급되었다. 의사 진단 소견은 목 눌림에 의한 찰과상으로 심각한 가해라고 했다.

그렇게 연휴 기간을 끝내고 합의이혼 절차를 밟았다. 그쪽 조건은 "양육비는 안 받을 테니 아이들을 포기해라. 창업 자금으로 빌려준 돈은 당장 갚을 수 없다. 이사 등재는 당분간 풀 수가 없다. 아이들하고 살아야 하니 집도 넘겨 줄 수가 없다."였다. 한 마디로 이혼을 못 해주겠다는 심산이었다. 그나마 진단서를 들이대니 마지못해 이혼에 응해주는 거였다. 만약 합의가 안 되면 법적 절차를 밟겠다고 하니 그쪽으로는 불리할 게 뻔하니 이혼만 합의한 격이다.

나의 조건은 사업자금 포기, 이사등재도 나중에 형편 되면 풀어라. 그러나 오늘 나가면 내일 들어오는 사람이 아이들 양육은 말도 안 되는 소리니 아이들만 양육하게 해달라는 것이었다. 그러나 그쪽은 고 씨를 김 씨한테 못 준다는 입장이었다. 그럼 감수성도 예민하고 곧 중학교 들어가야 하니 아들만이라도 키우게 해달라고 하니까 둘을 갈라놓을 수 없다며 결사적으로 우기고 나왔다.

이틀을 생각하며 결론을 내렸다. 집도 돈도 포기해야 하는데 아이들 양육의 책임까지 면죄부를 주는 건 그 사람 좋은 일만 시킨다는 생각에서 잠시 고민하다가 내린 결론이었다.

'아이들은 다시 만날 수 있겠지만 나는 지금 이혼 못 하면 나중에는 할 수 없어. 그 사람은 절대 이혼해줄 사람이 아니야.' 그동안 살아온 날보다 앞으로 살아갈 날이 더 많이 남은 창창한 내 삶을 더 이상 추락시키고 싶지 않다는 이유도 함께였다.

나의 목을 눌렀을 때 보았던 그 사람의 눈빛은 인간이 아닌 괴물의 모습이었다. 그 트라우마를 안고 같은 공간에서 그와 마주하며 살아갈 수는 없었다. 그래서 합의에 동의했다. 내가 잠자던 침대와 침구류, 콘솔, 월풀 냉장만 챙겨 나오는 걸로 합의하고 아파트, 아줌마, 키우던 강아지, 모든 가재도구는 그 자리에 그대로 두고 아이들에게 환경의 변화를 주지 않기 위해 모든 걸 포기하고 이혼 도장을 찍었다. 다만 조건으로 애플 매장이 정리될 때까지 아이들과 마무리할 수 있는 시간을 갖기로 하고 그동안 본인은 집에 들어오지 말 것, 아파트 전세 자금 중 반은 나에게 준비해 내어 줄 것을 요구했다.

그 후로 나는 애플 매장이 쉽게 정리가 되어 그 자금으로 목동 2단지에 가게를 다시 얻고, 주거는 가양동 강변 아파트에서 월세 살이로 홀로서기의 삶을 시작했다.

인생을 되돌리고 싶을 때가 있다.

그런 나를 치유할 수 있는 것은 오직 현실뿐이다.

제로베이스에서 다시 시작하다

나는 자유를 선택했다! 나는 자유를 얻기 위해 내가 가진 모든 걸 올인 했다. 교제 기간 3년에 결혼생활 10년, 총 13년의 질긴 악연의 굴레에서 벗어나 드디어 자유인이 될 수 있었다. 그 자유를 선택하기 위해 내가 지불한 대가는 너무도 컸다. 자녀와 돈, 사랑과 시간, 행복 모두를 포기해서 얻어낸 자유였다. 나는 살고 싶어서 자유를 선택했다.

나는 이끌림을 받으러 이곳에 온 게 아니다. 내 삶을 이끌어가기 위해 이곳에 왔다. 내 삶의 주체는 나다. 존재를 되찾기 위해 다시 내 자리로 돌아가야만 했다. 한 남자의 그림자에 가려 뒤틀리고 말라가는 나를 더 이상 그대로 방치할 수는 없었다. 그렇게 살기에는 내 존재의 가치가 너무나도 크기 때문이다.

나는 이곳에 부름을 받고 왔다. 내가 존재하는 이유는 내가 받은 사명과 역할을 수행하기 위함이며, 지금 이곳을 살아가면서 행복과 기쁨, 자유를 충분히 누리기 위해서다.

삶은 신비요, 즐거움이다. 삶은 행함이며 풀어야 할 숙제다. 내 영혼이 자유로워질 때 그 모든 것이 가능할 수 있었다. 나는 삶 자체다. 나는 원래부터 존재했고, 지금도 존재하며, 나로서 존재할 뿐이다. 나는 건강한 신체와 정신과 영성을 지니고 있으며 나로서 자유롭게 살게 해준 그 근원에 감사한다.

제로섬 게임 같은 관계였던 지독한 부부의 악연은 종식되었다. 나는 제로에서 다시 시작해야 했다. 내가 자산이며 브랜드다. 내가 가치이며 희망이다. 내가 인품이며 상품이다. 나는 내가 도구이기 때문에 어떤 일도 못 할 게 없다고 생각한다. 만남과 관계로 이어지는 모든 비즈니스는 상대를 섬기는 것으로부터 이루어진다.

누구나 다 입고 먹고 생활하는 의식주 중 여성들의 의를 해결하는 일이 유일하게 내가 가장 잘할 수 있는 일이고 인정받는 일이었다. 일에서 느끼는 기쁨과 보상도 매우 컸으며, 토털 여성 의류매장을 운영하면서 여성들의 풀 코디네이터로 나의 인품과 가치를 인정받을 때 가장 가슴 뛰고 눈이 반짝임을 알았다. 제로베이스에서 나를 다시 견고하게 세워나갈 계획이었다. 나와 인연이 될 여성들에게 그녀만의 베스트 드레스를 찾아주는 퍼스널 이미지 메이커로 나의 천부적 감각을 부각시켜 나가기로 계획했다.

이혼을 선택한 건 나 자신이었지만 이혼의 조항들은 자발적 의사가 아니었다. 한창 엄마의 손길이 필요한 두 아이를 뒤로 한 채 자신만의 자유를 선택하여 엄마의 부재를 겪게 했다. 그 대가로 평생 아이들에게 비겁하고 이기적인 엄마라는 꼬리표를 떼어낼 수 없다는 명분으로, 두 아이가 아파하고 고통받는 만큼 나도 같이 아파하고 고통받아 마땅하다는 이유로, 일로서 성공한 올곧은 엄마의 위상을 훗날 반드시 보여주고 싶어서 나는 더욱더 일에 집중하고 몰입했다. 나의 길이 바르게 놓일 것이라는 믿음으로.

목동의 도로는 대부분 일방통행로다. 일방통행로는 차량들의 주정차가 어려울 뿐 아니라 차량들이 달리는 도로이기 때문에 보통 흐르는 상권이라 하여 나쁜 상권으로 분류된다. 상권분석을 어느 정도 할 줄 아는 사람이라면 누구나 그곳만은 피해야 한다며 권유 자체를 하지 않는 상권이었다. 고객들의 접근성이 떨어져 100전 100패 한다는 것이 경험자들의 이야기였다.

내가 상가를 보러 다닌 지역이 전문가들이 말하는 일방통행로인 목동 2단지 주변의 피해야 할 상권이었다. 어느 곳에 위치하느냐보다는 어떻게 운영하느냐가 더 중요했기 때문에 상권은 개의치 않았다. 파리공원 옆의 외지고 한적한 위치에 있는 빌딩, 그곳에서도 로비 안쪽에 위치한 실평수 5평 정도의 작은 점포였다. 부동산으로부터 그 점포가 5년 넘게 보석 가게를 하던 자리라는 이야기를 들었다.

온종일 목동 로데오 거리부터 샅샅이 상가를 수십 군데 돌아보았지만 위치는 좋은데 내가 할 만한 자리라고 느낌이 오는 상가는 없었다. 어둑어둑 부동산들이 문을 닫아갈 시간에 마지막으로 발품을 팔아서 발견해낸 장소였다.

그 점포가 임대로 나온 이유는 보석 가게 옆에 신축 빌딩이 들어서서 준공을 앞두고 있었는데 그 보석 가게는 옆 건물로 확장 이전 계획이 있어서였다. 그래서 권리금 없이 에어컨 비용 정도만 부담해달라는 조건이었다. 건물 로비 안쪽 엘리베이터를 엇비슷하게 마주 보고 있는 자리였다. 매장 뒷면은 꽉 막힌 답답한 구조였다. 보는 순간 훅하고 지름신이 내렸다.

'앗, 이 자리가 내가 찾는 자리다!'

인테리어 구상이 마구 그려졌다. 내가 늘 추구하는 '최소 비용에 최대 효과'를 노려볼 수 있는 따뜻한 기운이 도는 자리였다. 온종일 고생하며 쌓은 피로감과 긴장이 확 풀리면서 더 이상 상가를 보러 다니는 수고를 하지 않아도 된다는 안도와 기쁨이 동시에 밀려와 가슴이 쿵쾅쿵쾅 뛰었다. 주변을 둘러보니 건물 측면 끝자락에는 공영주차장과 24시간 사우나가 있었다. 건물 바깥쪽으로는 버버리 매장과 던킨도너츠 매장, 유기농 쌀 매장이 입주해 있었다. 최종적으로 그 보석 가게 주인이 계약되어 있다는 옆 신축 건물을 둘러보았다. 그곳은 신축이라 여러 가지 환경과 조건은 좋았지만 빌딩 자체의 덩치가 너무 컸고 상가 구성에 산만함이 느껴졌으며 차가운 느낌이 들었다. 무엇보다 분양가가 높다 보니 보증금과 월세도 턱없이 비싸서 내가 계획한 예산과는 맞지를 않았다. 그래서 다시 돌아와 에어컨 비용으로 제시한 금액을 절반으로 조정받고 행복한 마음으로 가슴에 계약서를 품고 돌아왔다.

일방통행로인 목동은 흐르는 상권이라 하여 비추 상권이라 했던 말은 낭설에 불과했다. 그곳에 들어가 의류 매장을 오픈하면 무조건 100전 100패 한다는 이야기가 무색할 만큼 역설임이 증명되었다.

목동 모니카 매장은 실평수 5평으로 매우 작은 공간이었다. 사실상 큰 매장을 인테리어하기가 훨씬 수월하다는 것을 누구보다 내가 잘 알고 있었다. 작은 공간일수록 공간 안배와 수납장 디자인과 조명등이 매우 중요한 포인트이다. 전기 배선, 스위치와 콘센트의 위치, 냉난방기의 위치, 인포메이션(계산대)의 사이즈와 배치 등을 정해야 했다. 그뿐인가. 수납장의 위치에 맞게 조명을 어느 위치에 어느 정도 간격으로 총 몇 개를 설치할지, 쇼윈도 위의 디자인과 사이즈가 설계도와 현장감 간에 괴리는 없는지 등등 인테리어 공사 첫날 매장 사용자가 직접 관여하지 않아 자칫 작업상 오차가 생긴다면 다시 철거해야 하는 낭패를 볼 수도 있으므로 일일이 관여를 했다.

충분한 협의 끝에 인테리어가 시작되었다. 물론 인테리어 콘셉트도 일괄적으로 나의 머리에서 디자인이 제안되었으며 인테리어 업체 측에는 설계도면에 입각한 시공의 섬세한 손길만 부탁한 셈이 되었다. 나는 매일 감독관처럼 인테리어 업체 사장보다 일찍 현장에 도착해 제일 먼저 출근 도장을 찍었다. 수시로 음료, 커피, 간식 등을 챙기면서 인테리어 윤곽이 잡힐 때까지는 그들과 호흡을 같이했다. 인테리어 중에도 오가며 지나는 사람들이 범상치 않은 매장이 들어올 것 같다는 기대감으로 “언제쯤 오픈하냐? 사장님이냐? 왠지 옷다운 옷을 만날 수 있을 것 같다."면서 기대감을 보였다.

드디어 목동 2단지 중심 상가에 '목동 모니카 부티크'가 오픈되었다. 매장 오픈 시 나만의 철칙이 있다. 예전 단골들에게는 부담을 주지 않기 위해서 타지역 오픈을 일부러 알리지 않는다. 결국 옷이 그리워 나중에라도 연락이 닿으면 그때는 모두가 올 수밖에 없다. 자신의 니즈에 따른 자발적 방문을 원한다. 또 다른 이유는 지인이 단 한 명도 없는 제로베이스로 타지역에서 시작한다 해도 오픈 날 대박을 터트릴 것 같은 예감을 늘 감지하고 있기 때문에 거기서 나오는 자신감일 수도 있다고 볼 수 있다.

목동 로데오 거리 쪽 말고는 목동에 제대로 된 여성 의류 매장이 전무한 상태에서 모니카가 등장하면서 역사를 다시 썼다. '매장도 고급스럽고 옷도 장난이 아니더라. 늦게 가면 예쁜 옷은 다 빠지고 없다더라' 하는 소문이 순식간에 퍼지면서 젊은 멋쟁이 엄마들이 삼삼오오 몰려왔다. 예상한 대로 오픈 첫날 옷이 다 나가고 선불 받고 주문한 옷이 다 팔린 옷만큼이나 되는 더블 매출이 일어났다. 아직 출고되지도 않은 옷의 가격을 선불로 받은 셈이었다. 5평에 옷을 많이 걸 수도 없을 뿐 아니라 나는 한 동네에서 동일한 디자인의 옷을 두 번 이상은 리오더를 받지 않았다. 그 또한 고객들이 모니카를 좋아하는 이유 중 하나였다. 같은 옷을 입고 서로 마주쳤을 때 상대방이 예쁘면 다행인데 반대일 경우 한 사람은 그 옷이 입기 싫어질 수도 있겠다는 심리를 배려해준 차원에서였다.

오픈한 지 3개월 정도가 지날 쯤 보석 가게가 이전한 신축건물에 비슷한 상호의 의류매장이 하나 생기더니 나중에는 목동 2단지에 20개 정도의 여성 의류 쇼핑몰이 생길 정도로 가정주부였던 엄마들이 너도나도 옷 가게를 차리는 게 대유행이었다. 그리고 모니카를 염탐해서 같은 옷을 가져다가 모니카보다 싸게 팔기도 했다.

모니카의 VIP 고객들은 옷의 질이 다르다는 이유로 가격에는 개의치 않거나 코디의 능력은 어떻게 모방하겠냐면서 "모니카 사장님이 코디해준 옷만 입고 나가면 학교 자모회에서 세련되고 고급스러워졌다는 칭찬을 부쩍 받는다."는 등 모니카를 세워주었다. 이런 절대적 충성고객들이 든든한 버팀목으로 지원군이 되어 주었기에 모니카는 견고하게 뿌리 내려 갈 수 있었다.

나는 자유를 얻기 위해 내가 가진 모든 것을 올인했다. 다시 통장 잔고가 수북이 쌓여가기 시작했다. 나는 이끌림을 받으러 이곳에 온 것이 아니다. 내 삶을 이끌어가기 위해 이 세상에 온 것이다. 그렇게 나는 일관성을 가지고 내 삶을 이끌어왔다. 자유는 자신의 삶을 이끌어가는 자에게만 허락되는 선물이자 축복이었기에, 자유를 선택했고, 그 자유를 마음껏 누릴 수 있게 되었다.

모두가 원하지만 아무도 하지 않은 일

2000년 초반에 용인시 수지에 있는 성복동은 산의 등줄기 끝자락에 맞닿아 있는 협곡처럼 평화롭고 고요한 동네였다. 수지는 오래전부터 엘지 건설에서 주변 땅들을 싹쓸이로 매입해 놓은 부지였다. 7차분의 물량까지 입주를 앞두고 대단지로 조성된 엘지 아파트는 수지의 랜드마크가 되었다.

강남 지역 아파트들의 심한 가격 변동으로 격동의 시대를 지내면서 강남 불패에 대해 의구심을 던지는 이야기들이 분분할 때였다. 더 이상 강남의 집값은 오르지 않을 거라고 앞서서 예측한 베이비붐 세대들이 자녀들을 모두 출가시킨 후 강남 집을 팔아 현금 보유 목적으로 수지의 아파트로 이동하는 양상을 보일 때였다. 그 1순위 선호 지역이 수지의 성복동 엘지 아파트였다. 수지는 대한민국 난개발의 대명사로 꼽히는 지역이기도 했다. 종합적인 도시 계획 없이 우후죽순으로 개발부터 진행하다 보니 보존 가치가 높은 녹지 공간을 아파트 건설로 인해 자연환경을 훼손시키는 문제를 야기했던 대표적인 난개발 지역이 수지였다.

그 지역을 찬찬히 둘러보면서 나는 난개발로 진입로가 협소해 주민들이 겪고 있는 교통 체증을 오히려 매장 오픈의 기회로 삼을 수 있었다. 대 단지 아파트로 들어가는 진입로는 쌍방 2차선 도로인데 도로 폭이 매우 협소했다. 퇴근 시간이 되면 아파트로 진입하려는 고급 승용차들의 행렬이 주차장을 방불케 했다. 차량이 정체되면 당연히 주변 상가들을 둘러보게 될 테고 "거기 옷가게가 생겼더라." 하면서 가족들이 서로 홍보를 해줄 것이기 때문에 노이즈 마케팅의 혜택이 강점이라 점쳐졌다.

우선적으로 주변 상권을 파악해 보기로 했다. 처음 성복동을 방문했을 때의 느낌은 지방 도시처럼 한적하고 외진 동네라는 느낌이 들었다. 거리가 썰렁해서 길에 다니는 사람들은 볼 수가 없었으며 마을버스와 승용차들의 왕래만 눈에 띄었다.

마을 초입에서 시작되는 교통 정체 원인을 파악해보니 서울에서 막힘없이 달려오던 차량들이 엘지 아파트 입구 삼거리에서 시작되는 진입로가 갑자기 좁아지면서 일어나는 병목현상이 원인인 것 같았다.

한 개 정도는 있을 법한 옷가게가 현재까지는 없다는 점을 파악할 수 있었다. 이유는 2가지일 것이다. 이미 한 번 오픈했다가 운영이 잘 안 돼서 폐업을 했거나 아니면, 의류 매장은 안 될 거라고 판단을 내리고 아무도 시도를 하지 않았거나. 나는 2가지로 추측을 해보았다.

다시 오던 길을 거슬러 아파트 상가 부동산에 들어가 점포 시세와 나온 매물들을 제대로 파악해 보기로 했다.

인구대비 상가 수가 턱없이 부족해 나온 매물은 없었지만, 권리금 거래가 된다면 영업 중인 점포를 넘겨줄 의향을 보이는 점포는 있었다. 임대 시세는 평수 대비 턱없이 높게 형성되어 있었지만, 상가의 위치가 반듯하고 마을버스 정류장 앞이라 몇 일째 지켜보며 마음에 두고 있던 상가의 임대차 조건이 맞아 상가 계약을 성사시킬 수 있었다.

계약 후 며칠 지나지 않아 알게 된 사실은, 진입로의 확장 공사가 한창 진행 중이니 완공 후에는 새로 난 도로의 이동으로 구도로에는 차량 이동이 줄게 될 것이라는 소식을 뒤늦게 알게 되었다. 유동인구의 흡입으로 매출을 올리기보다는 찾아오는 단골 위주의 고객들을 형성해갈 계획을 갖고 있었기 때문에 그 소식을 먼저 접했다 하더라도 계약은 성사시켰을 것이다.

수지 성복동의 길목은 밤이 되면 외지고 상가가 없으니까 우선 매장을 환하게 비추어줄 외관 인테리어에 포인트를 주기로 했다. 인테리어는 홍대 유리 공예과 교수를 섭외했다. 건물 외벽에 아치를 세우고 컬러 유리 조각으로 추상적인 무늬를 핸드페인팅 기법의 느낌이 나도록 작업이 들어갔다. 교수님 제자들의 창작성과 작품성을 가미한 콘셉트였다. 시골스러운 외진 골목에 마치 대형 트리가 세워진 듯 멀리서도 매장이 눈에 뜨이고 거리가 한층 멋스럽게 밝혀졌다.

나의 계획은 소박하게 시작했다. 하루에 1~2명만 왔다 가도 1:1 맞춤형 풀 코디 제안으로 여성들의 퍼스널 이미지 메이커로서 30~40대 여성들에게 존재감을 찾아주는 차별화 전략을 세웠다. 취급 아이템은 의류, 쥬얼리, 다양한 소품들로 채워진 부티크숍 이었다.

오픈 후 채 한 달도 되지 않아서 지역에 입소문이 퍼져나갔다. 방문 고객들의 주차난으로 주변 상권을 들썩이게 했으며 주 2회 물건 들어오는 날에는 엄마들이 외출 전 코디부터 받고선 구매를 해놓는 사례가 늘어갔다. 그렇게 입소문을 타고 고정 단골로 1년 넘게 알토란 같은 고소득을 올려가고 있을 때 의류매장이 호황을 누린다는 것을 확인한 타 업종들이 아이템을 전환하여 수지, 상현지역 상권에 지각 변동이 일면서 경쟁 숍이 늘어가기 시작했다. 어느 정도는 예상했던 일이었다.

유난히도 풀 코디 받는 것에 만족했던 단골 엄마가 아이들과 일본 여행으로 부재중일 때, 그녀의 부군께서 매장으로 잠시 찾아와서는, "사장님의 판매 능력을 사고 싶습니다. 백화점 숍마스터가 10만 원만 넘어가는 제품을 권유해도 주저하며 생각해 보겠다던 아내를 어떻게 설득을 했기에 자신이 갖고 있던 비자금을 올인하며 베팅할 수 있었는지 그 판매 능력을 한 수 배우고 싶습니다."라며 조심스럽게 동업을 제안받기도 했다. 일언지하에 정중히 거절 의사를 밝혔던 웃지 못할 에피소드로, 그만큼 판매 능력에 대한 과찬이라 받으며 감사한 마음만 추억하고 있다.

1년 넘게 고정 단골로 잘 유지 되어가고 있을 때, 동종 업종의 측근 중 한 명이 의류유통 매장을 오픈 했다며 의류 딜러로 함께 해보자는 제안을 해왔다. 마침 단골 고객 중 한 분이 남편도 정년 퇴임하고 소일거리로 의류매장을 운영해 보고 싶다며 관심을 보여 왔었다. 시장 사입으로 동대문에서 수지까지, 수지에서 분당 집까지 이동 거리가 멀어 불편하던 차에 그 단골 고객에게 매장을 유리한 조건으로 인계하고 잠시 쉬어가는 찬스로 수지 성복동을 유유히 떠나올 수 있었다.

누구나 생각은 할 수 있겠지만, 아무도 시도하지 않았던 난개발지역에 의류매장을 오픈해서 노이즈 마케팅으로 입소문을 낼 수 있었던 건, 보이는 것만 보지 않았기에 가능성을 점칠 수 있었고 선택할 수 있었다.

몸통째 내어줘야 할 때도 있다

원종동 아파트로 이사 와서 처음 알게 된 인연이다. 큰아이 유치원 버스를 기다리며 눈인사 정도만 하고 지내던 유치원 자모 중 한 명이었다. 그녀와 나이도 같고 첫 아이와 둘째 아이의 출생 연도가 같다는 공통 화제로 반갑게 이야기 정도만 나누던 사이다.

행복하고 좋은 일은 열 번이라도 나눌수록 배가되지만, 어려움이나 고충을 입 밖으로 꺼내는 순간 사실이 현실로 나타나 더 명확해지고 고착된다고 믿고 있는 나는, 괴로움이나 고충에 대해서는 특별한 사람이 아니면 잘 드러내지 않고 그 순간이 흘러가게 바라보며 문제를 차분히 지켜보는 편이다. 그녀에게는 내 삶의 방식과는 사뭇 대치되는 부분을 엿볼 수 있었다. 남편의 외도 문제는 타인에게 꺼내놓기 쉽지 않은 자신의 치부인데도 불구하고 깊은 내면의 속마음을 속속들이 드러내놓고 타인의 위로를 갈구했다.

원종동 애플매장 오픈 때부터 시작해서 작전동, 동부이촌동, 목동매장까지 근 10년간 한 번도 초대하지 않았는데도 어김없이 매장을 찾아와서 "누구 엄마 나는 수고비는 한 푼도 안 받아도 좋으니 엄마 옆에서 보조로 일만 하게 해 달라."라는 부탁을 서슴없이 건네 왔었다. 의류매장은 몸을 쓰는 육체노동이고 말을 많이 하는 일이라 힘들고 피곤한 일이여서 보조가 있으면 좋겠지만, 나만의 공간에 누구와 함께 있다는 것도 계획하지 않았고 나와 격에 맞지 않는 누군가와 불편함을 감수해야 할 하등의 이유가 없었다. 그리고 친한 사이도 아닌데 불쑥 찾아와 뜬금없는 부탁을 하는 것이 무례하다는 생각도 들어서 일언지하에 거절을 했었다. 하루는 다급히 찾아와 "생각나는 사람이 엄마뿐이라 염치 불구하고 찾아왔다."라며 이야기를 풀어냈다. 얼마 전 아이들 아빠가 1호선 지하철을 이용하다가 미처 승차가 덜 된 상태에서 승강구 문이 닫히는 바람에 발이 낀 채로 몇 미터 몸이 끌려가다가 정차는 했지만, 이미 다리가 절단되는 큰 사고를 당했다고 했다. 지금은 의족으로 목발 신세를 지고 있다고. 그래서 지하철공사와 소송을 해서 민간인으로는 처음으로 승소를 해서 보상금도 넉넉히 받았지만 애들 아빠가 그 돈을 연구개발비에 투자했다가 모조리 손실을 보아서 지금 살길이 막막해졌다고 했다. 이번에는 평소와 달리 명확한 명분을 가지고 다가왔다. 도저히 시침 뗄 수는 없는 일이었다. 때를 보면서 연락을 할 테니 우선 가서 기다려 보라고 했다. 처음으로 그녀에게 긍정적인 답변을 건네며 안심시켜 보냈다.

목동 숍이 오픈과 동시에 불같이 일어나면서 거의 매일 장에 나가야 했다. 사입해 와서 스팀하고, 가격표 붙이고, 디스플레이하고, 청소까지 마무리하면 집에 다녀올 시간이 없어서 근처 24시 사우나에 가서 한 시간 정도 눈 붙이고 다시 추스르고 나와서 숍을 오픈해야 하는 악순환의 삶을 위태롭게 이어가고 있을 때 그녀에게 연락했다. 어느 정도 아이들 교육비라도 보탬은 돼야 해서 상식선을 깬 방식으로 급여 산정을 후하게 했다. 한 달 월급을 가불해서 우선 매장 근무에 적합한 이미지 메이킹을 위한 의상과 소품들을 할인가로 구매해서 풀 코디를 해주었다. 그녀는 손님 응대하는 말투, 아이컨택, 모션, 언어, 어프로치와 클로징, 매출 타이밍 잡기까지 모든 걸 옆에서 귀로 듣고 눈으로 스캔하고 몸으로 체득하며 체계적으로 배워갔다. 판매의 스킬과 기술뿐 아니라, 주요 거래처 파악, 사입 단가 오픈, 재고관리, 마진폭, 세금계산서, 세무신고 방법, 자료발급 과정, 디스플레이, 고객 응대 멘트, 반품 처리 스킬, 어프로치에서 클로징 단계의 고급 멘트 숙지, 사입 원가에 기본 마진 계산법, 소득을 극대화 시키는 방법, 재고를 남기지 않는 방법까지 제대로 스텝을 밟으며 1년간 나를 복제해 나갔다.

그러던 어느 날, 퇴근 전 그녀는 나에게 간절하고 정중한 자세로 무릎이라도 꿇는 심정으로 이야기를 건넸다. "엄마를 원종동 미키방에서부터 10년도 넘게 발전하는 과정을 모두 곁에서 지켜본 한 사람으로서 빛의 속도로 뚫고 나가는 순발력과 결단력, 응집력을 지켜보면서 그 한 사람의 인생을 그대로 닮고 싶었어." 엄마의, 삶을 그대로 복제하고 싶었고. 엄마는 타고난 끼와 비즈니스 감각을 가지고있는 사람이잖아. 이제는 나도 자신감도 생겼고 여전히 애들 아빠는 장애인으로 살면서도 정신 못 차리고 그 몸으로도 외도를 멈추지 않고 있어. 한 가정을 살린다고 생각하고 이 숍 나에게 넘겨주라. 그렇게만 해준다면 엄마는 날 잊어도 나는 평생 은인으로 엄마를 잊지 않고 잘살게! 부탁해!"

액션이 빠른 나는, 내 에너지가 충만하던 자리를 복 짓는 마음으로 늘 하던 방식대로 권리금은 생략하고 시설비만 받고 넘겨주기로 결정하고 기분 좋게 인수인계 절차를 서둘러 주었다.

양질의 고객들의 인프라만 따져도 돈으로 환산은 불가했지만, 나는 언제나 나에게는 하늘이 물질의 축복을 부어주신다고 믿고 있었기 때문에 그 선택은 내가 하는 일이 아니라고 여기며 그대로 몸만 나오는 걸로 수순을 밟았다. 그녀는 내가 허리에 차고 있던 전대에 거액의 뭉칫돈이 들고 나는 걸 보더니 그 낡은 지갑까지 탐을 냈다. 내가 신던 실내화, 카디건까지 그 에너지를 모두 받고 싶다고 해서 인심 쓰는 김에 제대로 크게 쓰고 훌훌 몸만 떠나왔다.

1년이 지나면서 그녀는 그 상가를 자기 명의로 구매했다고 자랑했다. 그리고 운전면허를 따서 차량도 구매했다고 전해왔고 집에 도우미 아주머니도 오시게 해서 본인도 온전히 매장 운영에만 올인하고 있다고 했다. 아이들도 학원 수업에서 과외로 돌렸다고 알려왔다. 그렇게 그녀가 그 자리에서 5년 이상 하고 있다는 소식과 함께 얼마 지나지 않아 목동에 아파트도 장만했다는 기쁜 소식도 들을 수 있었다. 그녀가 중간에 분당으로 한번 건너와서 함께 식사를 하면서 남긴 말이다. “나는 엄마와 같은 삶을 사는 게 꿈이었는데 12년 만에 나도 그 꿈대로 전철을 밟으며 살고 있어. 정말 고마워. 그대는 나를 잊어도 나는 그대를 평생 못 잊을 거야!"

진정한 친구 관계란 특정한 목적의식이 없는 관계로 어떤 의도도 갖지 말아야 한다. 서로에게 시간을 나누어주고, 멈추지 않는 시계와 같은 존재여야 한다. 나에게 그녀는 분명 친구로 볼 수 없다. 그녀는 나를 통해 여러 가지 지식과 정보만을 얻고 싶어 했다. 경제적인 이익을 얻을 수 있는 삶의 노하우와 고급 스킬을 터득하고 싶어 했다. 나를 그런 대상쯤으로 여기고 끊임없이 곁을 맴돌며 자신의 간절함만을 어필해왔다. 그런 의도를 알고, 그녀의 방문에, 그녀의 소리에, 귀를 막고 눈을 가리고 시침 떼기로 일관하며, 소통을 차단했다면 그녀의 삶은 지금쯤 어떤 삶을 살고 있을까? 부자의 장벽에 진입이나 했을까?

지금 나의 것도 내 것이 아니요, 지금 그녀의 것도 그녀 것이 아니다. 우리는 다만 선순환을 위해서 받은 축복을 되돌려야 한다. 때로는 살면서 내 몸통을 그대로 내어 주는 선택을 해야 할 때도 있다. 내 모든 것을 내어주는 것도 축복이요, 은총임을 나는 잘 알고 있다. 그녀도 그것이 축복임을 알고 있다면 더 큰 은총을 받게 될 것이다.

selecti ON

인생을 바꾼 선물

괴로움은 즐거움의 씨앗이다

교통사고의 영향뿐 아니라 지속적인 의류매장 운영으로 건강에 적신호가 켜졌다. 몸을 사리지 않고 매일 밤 시장을 오가며 낮과 밤의 사이클이 뒤바뀐 것도 모자라 밤도 낮처럼 시간을 견인해 쓰면서 비롯된 경고 사인이었다. 아침에 기상을 해도 피곤함이 가시지 않았고 평소 음식 섭취량이 많지 않았음에도 몸에 습한 기운과 부종이 나타났다. 밤에 자려고 누우면 몸이 땅속으로 푹 꺼지는 듯했다. 평소 약에 의존하는 걸 극도로 꺼렸던 나는 회복을 기다려 보다가 결국 내과를 방문했다. 검사를 해보니 목에 결절 일곱 개가 자리 잡고 있었다. 다행히 사이즈가 작아서 수술로 제거하지 않아도 되었지만, 그 결절들이 갑상샘을 막고 있어서 호르몬 부족 현상으로 여러 증상을 보였던 것이다. 치료를 위해 결절의 크기를 줄이는 약을 먹으면서 장기간 변화를 관찰해야 했다.

1년 정도 쉬어주면서 몸 건강 돌보기에만 집중하기 위해 모든 일손을 놓기로 했다.

그렇다고 그냥 주저앉아 있지만은 않았다. 오뚜기처럼 추스르고 일어나 예전처럼 활력과 에너지를 되찾을 수 있도록, 그간 앞만 보고 내달리느라 미처 볼 수 없었던 주변을 둘러보는 시간을 넓혀갔다.

움직이지 않으면 아무 일도 일어나지 않는다는 것을 깨닫고 그 깨달음을 행하기 위해 세상 속으로 들어가 많은 사람을 만나서 다양한 정보들을 취할 수 있었다.

당시 정자역 주변은 온통 초고층 주상복합 아파트와 오피스텔이 대거 신축 분양을 앞두고 있을 때였다. 나는 이런 생각이 들었다. '누가 저 공간을 다 채울 수 있을까? 그래도 언젠가 누군가로 채워지겠지?' 정자동에 위치하고 있는 파크뷰, 아이파크, 두산위브파빌리온, 동양파라곤, 미켈란쉐르빌, 스타파크 수내동의 로얄팰스까지 초호화 주상복합 밀집 지역에 5만여 세대 이상의 단지가 형성되는 과정을 눈여겨보면서 정자동 지역의 향후 판도에 대한 분석을 전문가에게 듣기 위해 부동산 사무실에 자주 방문해서 들어보았다. 분당 정자역을 중

심축으로 주거 형태가 대변화를 맞게 될 것이라는 미래 가치에 대한 청사진이 그려졌다. 초기 투자금이 많이 들어가지 않아 접근하기 부담 없었던 22평짜리 주거용 오피스텔에 관심을 두고 있다가 입주가 임박해 급매로 나온 로열층 물건을 임대를 놓기 위한 목적으로 계약했다. 계약 후 도면을 통해 자세히 살펴보니 호수와 층수가 최고의 로열층에 탄천을 향하고 있는 뷰라 향후 직접 들어가 살기에도 더 이상 바랄 게 없는 최상의 물건을 선택했음을 확인 할 수 있었다. 평소 소유개념보다는 주거개념으로 소규모 공간이라도 위치 좋은 곳에 부동산 확보를 해 놓자는데 목적을 두고 있었다. 접근성이 좋은 역세권에 보안, 관리가 철저하고 1000세대 이상의 주상복합 단지라 관리비가 저렴하며 차후 거래 성사 시 회전율이 빠르다고 판단돼 지체 없이 매입을 선뜻 결정할 수 있었다.

갑상샘 기능 저하로 다운 되었어도 집에만 누워 있지 않고 세상 속으로 들어가 분야의 전문가를 만나 정보를 습득했다. 습득한 정보가 사실인지 확인 여부를 거쳐 확신이 들자 투자 타이밍의 찬스를 놓치지 않았다. 건강과 맞바꿀 만큼 벼랑 끝에 나를 몰아세우며 모아온 고귀한 돈을 쓸 시간이 없어 통장에 재워두고 있었는데, 그 돈이 나를 위해 움직일 타이밍임을 알아차리고 과감히 투자했다. 노동의 대가로 번 돈을 잘 활용하여 예상치 못했던 곳에서 보상을 받게 되어 그 기쁨은 말할 수 없이 컸다.

그 일을 계기로 휴식 타임을 갖던 중 도곡동 타워팰리스 전문 부동산에 취업의 기회까지 주어졌다. 당시 도곡동 타워팰리스는 미분양 상태라 비어 있는 집이 많을 때였다. 타워팰리스는 1, 2, 3차 차수마다 준공 연도와 부동산 가치의 장단점과 특징이 각기 달랐다. 1차는 4개 동으로 지어졌고 4개 동의 특징과 장단점을 파악했다. 2차는 2개 동이었다. 전철과 스타슈퍼로 통하는 동을 메리트로 내세우면 될 것 같았고, 다른 1개 동은 조용함과 쾌적함을 메리트로 잡아서 안내하면 좋으리라 판단되었다. 3차는 마지막으로 준공된 초고층 타워 형태의 쭉 뻗은 외형을 뽐내고 있었다.

부동산 근무 중에도 그저 타성에 젖어 두 손 놓고 안일한 태도로 있지 않았다. 고객이 오면 마중하는 방식이 아니라 모든 정보와 지식을 취합하고 물건에 대해 철저히 파악해 두었다. 다양한 평수의 물건도 사전 연락망으로 미리 확보해 놓은 후, 고객과 마주했을 때 자신감 있게 주변 환경까지 아우르는 브리핑으로, 고객이 쉽고 빠르게 믿고 계약을 결정할 수 있도록 항시 준비된 상태로 임했다. 늘 대기태세로 업무에 임했던 게 내 하루의 전부였다.

하늘은 스스로 돕는 자를 돕는다고 한다. 부동산 근무를 시작한 지 얼마 되지 않아 각 동에 한 세대씩밖에 없는 펜트하우스 전세 계약을 성사시켰다. 이어서 대형평형 임대 희망자가 용도가 적합하지 않다는 이유를 들며 돌아서려 하자, 고객의 니즈를 만족시키기 위해 삼성동에 있는 인기 아파트를 섭외해서 매매 쪽으로 유도해 계약을 성사시킨 사례도 있었다.

고객이 평생 모아온 소중한 전 재산이므로, 내 물건을 고르듯이 심사숙고하며 대신해 개인 맞춤형 물건을 찾아내 연결해주자, 잔금 날이 도래하기 전에 아파트 가격이 천정부지로 올라가는 천운이 닿아 수억 원대의 시세 차익을 보게 된 여성 계약자의 사례도 들 수 있다. 내가 건넨 플랜을 믿고 잘 따라준 그녀에게 하늘이 천복을 내려준 케이스의 사례로 인해 나는 도곡동, 대치동 지역에서 계약 성사율이 높은 실장으로 정평을 받을 수 있었다. 고객의 니즈를 잘 끌어내 고객에게 적합한 맞춤형 물건을 대체해 주는 센스 있는 거래방식으로 순조롭게 계약을 성사시키며 타워팰리스 타운 내에서 전문 부동산 실장으로 3년의 삶을 지낼 수 있었다.

5억 이상의 고가주택은 거래 금액이 높다 보니 자연히 수수료도 높고 계약 성사에 따르는 소득도 높았다. 의류 비즈니스 할 때만큼이나 소득이 높을 때도 많았지만, 그만큼 계약의 성사율을 높이기 위해서는 고객의 성향과 보유한 예산을 기준으로 플랜을 면밀히 짜야만 했다. 부동산 가격과 거래 절차 및 입주 시기 등을 고려하여 제시해주고 고객에게 끈기 있게 몰입을 해주어야 클로징으로 연결할 수 있는 민감한 업무라 에너지 소모량이 극도로 많은 업무였다. 민감한 업무를 보면서도 다행스럽게 3년간 갑상샘 기능 저하로 장기 복용 중이던 독한약도 끊고 완치 판정을 받았다. 몸의 컨디션도 거의 정상으로 되돌아왔다.

그 여세를 몰아 마지막 기회가 될지도 모른다는 생각으로 미국 로스앤젤레스 요양병원에 입원해 계시는 엄마를 찾아뵙기 위해 하산을 선택했다. 평생 처음으로, 자신만의 온전한 여가의 시간을 가져 보기로 한 것이다.

나는 미국 방문 전 타워팰리스에 입주 절차를 밟아 놓았다.

누구나 한 번쯤 로망으로 여기는 도곡동 타워팰리스 주민으로 4년간 프라이빗한 혜택을 누리며 살았다. 갑상선으로 인해 내가 가장 잘하고 있었던 의류업에서 잠시 물러나 또 다른 쉼을 찾았고, 내 몸을 충분히 쉬어 주기 위한 방편으로 색다른 분야의 일도 배우고 경험하며 굵직한 성과도 이루어 낼 수 있었다. 덕분에 지금 서 있는 위치에서 포지션만 바뀔 뿐, 나의 가치는 변하지 않는다는 걸 경험에서 터득할 수 있었다. 어디에서 무슨 일을 하든 그 선택은 내가 했으며 순간의 선택이 나에게는 언제나 기대 이상의 보상을 안겨주었다. 원하는 것에 그치지 않고 세상 밖으로 나가 절실함을 찾아내 선택했고, 실행으로 옮겼다. 한번 선택하면 다시 뒤를 돌아보지 않았으며 흔들림 없는 소신과 신념으로 갑상샘 기능 저하를 이겨내고 얻어 낸 최고의 선택이 하사해준 보상이었음을 고백해 본다.

나는 10년 넘게 의류 딜러로도 일해 왔다.

날씨가 좋지 않거나 몸컨디션이 바닥인 상태에서도 하루도 거르지 않고 스무 군데가 넘는 거래처를 한결같이 방문하며 매출을 올릴 수 있는 신상 의류들을 셀렉트 해서 매장에 전달했다. 강남에서 강북을 경유해서 송도에까지 이르러 2시간 넘게 달려갔음에도 단 한 장을 못 내리고 오더라도 방문에 가치를 두며 10년 동안 거르지 않았다.

그 이유는 나는 그저 옷만 가져다 내려놓고 오는 유통업자가 아니었기 때문이다. 그 매장의 단골고객들을 불러 놓으면 각 매장의 머천다이져처럼 매장의 매출을 최대로 상승 시켜 주고, 옷에 대한 너른 지식과 센스를 전달해야 했기 때문에 약속된 날을 거를 수 없었다.

언제나, 모든 것은 나로부터 출발한다. 내가 가진 것이 많을 때 남에게 줄 것도 많아진다. 건강, 행복, 기쁨, 사랑 시간도 말이다. 일보다 앞서서 챙겨야 할 영순위가 건강과 시간이라 여기고 있다.

어느 날 문득, 한번 지나간 시간을 되돌릴 수 없듯이 건강과 시간이 허락될 때 서로의 시너지도 나누고 입장을 배려하고 허용할 수 있는 공간을 만들어야 한다는 발상을 하게 되었다. 30년간 차량 이동 시 동선이 분산되어서 시간적 손실이 큰 폐단이라 여기고 있던 차에, 찾아가는 서비스에서 찾아오게 하는 방식으로 이동 패턴을 전면 수정하기로 했다. 거래처 사장님들께 말로만 설명해오던 방식에서 실제로 신상품 옷들을 매장 내에 디스플레이해놓고 시뮬레이션으로 시각화해 주기로 생각을 전환하여 삼성동에 쇼룸을 오픈했다. 박리다매가 아니라 철저한 1:1 맞춤형 풀 코디 방식으로 프리미엄 고객층을 견고하게 다져 나갔다. 거래처 사장님들에게 방문 예약을 받아 하루 세 팀만 만나 가기로 했다. 나머지 시간에는 소매 매출에 집중할 수 있는 포트폴리오를 새로 짜기로 했다. 겸업의 역발상 콘셉트였다. 결국 나의 역발상 패러다임인 도 · 소매 겸업의 시도 역시도 적중된 케이스였다.

삼성동에 쇼룸을 오픈한 지 2년 정도 흐른 어느 날이었다. 천둥 번개를 동반한 비가 억수로 퍼붓던 날 아침, 평소보다 일찍 움직여 물건을 두 배로 사입해서 샵으로 귀가하던 중에 삼중 추돌 교통사고를 당했다. 사고 후유증으로 불꽃같이 하늘을 찌르던 에너지는 부재중이 되었다. 기억 머리도 사라진 듯 머릿속이 하얀 채로 멍하니 의욕 상실 모드로 다운되어 보내는 날의 연속이었다.

신경통과 근육통, 두통과 메슥거림 증상으로 몇 차례 입원 치료를 받았는데 괜찮아지는 듯하다가도 반복적으로 증상이 나타나서 나를 괴롭혔다.

몸의 상태를 인지하고 그 흐름에 순응하면서 톱니바퀴처럼 바쁘게만 돌아갔던 일상을 잠시 뒤로하고 주변을 둘러보던 어느 날, 테이블 위에 새로 도착한 노블레스 잡지 속 카피 문구에 눈길이 멈추었다. '상위 5%의 전문직 여성들을 위한 호텔식 조식 서비스'를 강조한 문구에 눈이 번쩍 띄었다. 성수동에 위치한 트리마제 아파트 분양 광고였다.

그 당시 평당 가격은 강남권보다는 낮았지만 강북 최고의 비싼 분양가였다. 무엇보다 10평대의 소형평형이 끼어 있는 것이 대단한 메리트였다. 향후 유일무이, 전무후무한 귀한 물건이 될 것이라는 예상을 배제할 수 없었다. 사고 후유증으로 거동이 불편했고 심신도 나약해 바닥을 칠 수도 있었다. 하지만 그동안 치열하게 살아 내면서 쓸 시간이 없어서 지출하지 못했던 금쪽같은 자금을 잠자지 않게 순환 시켜 돈이 나를 위해서 일하게 해야 한다는 생각을 갖게 되었다.

그동안, 쉼 없이 내달려 오느라 수고한 나에게 맞춤형 주거 공간인 서울숲 트리마제 아파트 소형평형을 선택했다. 이곳은 호텔식 주거 공간을 강조한 아파트로, 고통스러운 사고 후유증의 나날 속에서 한 줄기 빛처럼 내게 찾아와준 행운의 선물이라는 생각이 들었다. 교통사고는 내가 나고 싶어 난 게 아니었지만, 그럼에도 불구하고 내게 다가온 사소한 것 하나라도 무심히 넘기지 않았다. 사고로 얻은 고통으로 모든 것이 올 스톱 되었다고 체념하지 않았다. 끝은 멈추지 않고 새로운 길로 데려다줄 것이라는 또 다른 출발점에 대한 나만의 해석과 역발상이 가져다준 색다른 선택이었다.

시작과 끝은 하나이다. 10년 동안 롱런하며 지켜왔던 의류 딜러의 삶도 의도치 않게 끝지점을 만날 수 있었다. 그 길은 다시 돌아보지 않았다. 그 끝자락에서 시작되는 또 다른 점을 알리는 메시지에 귀 기울이며 매 순간 호흡에만 집중해왔다. 새롭게 이어져갈 시간 속에서 만나갈 무수한 인연들과 선을 이루며 화합해 가기를 소망하며, 그 꿈과 가치는 언제나 나로부터 출발함을 잘 알고 있다. 그 누구도 대신해 줄 수 없다. 역경 속에서는 더욱 그랬다.

1억, 고가 세일즈 전략

도곡동 부동산에서 함께 근무했던 송 실장에게서 전화가 걸려왔다.

"실장님! 잘 지내고 계시지요? 많이 뵙고 싶어요."

"실장님! 제 남편의 절친 부부가 ○○생명 교육 파트에서 10년째 관리직에 있습니다. 그녀가 추천을 해서 저도 반신반의하며 신한 ○○사랑보험 텔레마케터로 몇 달째 일하고 있는데 수령하는 급여가 제법 커요. 그래서 실장님 생각이 많이 났어요. 실장님께서 이 일을 하시면 얼마나 잘하실까 상상만 해도 실장님의 모습이 떠올라 오늘은 전화를 드렸습니다. 실장님! 교육 한번 들어보시면 어떠세요?"

내가 가서 교육을 받으면 송 실장한테 어드밴티지가 있냐고 물었다.

“그럼요! 추천한 것에 대해 회사에서 주는 혜택이 있지요. 실장님 같은 멋진 분이 오셔서 자리만 빛내주셔도 저는 자부심이 생길 것 같아요.”

“그래요? 그럼 교육 일정을 명확히 안내해주시면 참석해보도록 할게요.”

시청 앞 ○○생명 본사 교육장에 9시까지 입실이었다. 도곡역에서 7시에 출발했다. 오랜만에 새벽같이 이른 시간에 움직이니 새벽 공기가 피부에 와 닿는 느낌이 너무 좋았다. 일사불란하게 출근하는 인파 속에 합류한다는 것도 보람이 있었고 새벽 기상으로 정상적인 사이클로 하루를 살아간다는 것이 바람직한 건강관리법이라고 여겨졌다.

교육장에 도착하니 사람들이 100명 정도는 모인 것 같았다. 말이 초대지 엄밀히 따지면 지인들로부터 권유를 받아 온 사람들이었다. 나의 습성대로 집중도를 높이기 위해 맨 앞자리에 자리를 잡고 착석한 후 여유롭게 차 한잔을 마시며 강사님을 기다렸다. 곧이어 송 실장에게 이야기 들었던 여성 팀장이 입장했다.

‘뭐야! 어디 하나 빠지는 데 없는 완벽녀잖아?’

아우라가 물씬 풍기는 보기 드문 고급 인재였다. 부드러운 카리스마, 키, 외모, 차림새, 목소리, 걸맞은 치장, 눈빛, 시선 처리, 억양, 머릿결, 헤어스타일, 타고난 외모에 손까지 예쁘고, 고급스런 이미지의 완벽형 리더였다. 프레젠테이션이 시작되는 순간 더 반해버렸다.

'이럴 수가! 당신은 부족한 게 도대체 뭐니?' 찾을래야 찾을 수가 없었다. 나는 그녀를 보며 도전 의식이 발동했다. 나도 교육 파트의 장이 되어보고 싶다고. '지금부터 텔레마케터로 성공하면 저 강단에 설 수 있는 걸까?' 아무튼 나는 시험 날짜를 대비해 공부해서 색다른 분야의 일을 시도해보지 못할 이유는 없다고 생각했다. 송 실장에게 자료 좀 꼼꼼히 챙겨달라고 해서 받아 들고 집으로 돌아왔다. 새로운 일의 시작점에서 찾아오는 설렘이 다시 시작되었다.

지지부진 생각만 하다가 포기하는 성격이 아니고, 우왕좌왕하지도 않는다는 걸 송 실장은 잘 알고 있었다. 영리한 송 실장의 페이스에 어찌 보면 말린 거였지만 이것이 나의 성장을 가져다줄 또 다른 기회일 수 있다는 걸 모를 리 없는 나는 도전해볼 만하다고 생각했다.

교육 기간 동안 새벽같이 ○○생명 본사 사옥으로 나가 텔레마케터 교육을 숙지했고 규정 포맷들을 외우다시피 하며 상품에 대해 체계적인 교육을 받았다. 말이 시험이지 당사에 지원해서 일해보겠다는 지원자를 시험에서 떨어뜨려 인재 발굴의 기회를 차단할 회사는 없다고 여겨졌다. 당연히 평균 이상의 성적이 되는 60% 인원을 통과시켰다. 급여는 기본급에 실적 수당과 누적 인센티브제였다. 어림잡아 이것저것 수당을 고려해보니 고액 급여도 노려볼 만했다. 이동 비용 지출 없이 사무실에 앉아서 전화로만 매출을 올린다는 건 그동안 해온 일에 비하면 어려운 일은 아니었다.

시청점으로 발령이 났다. 비대면 전화로만 상품을 파는 일이다 보니 계약률이 높은 선배들 녹취 기록을 벤치마킹하고 그 자료를 반복해서 들어보라고 했다. 기본 멘트 자료를 받아서 그대로 외워서 유선상 보험상품을 파는 일이었다. 내가 선호하는 대면 설명이 아니라 비대면 브리핑이다 보니 영혼 없는 전화 콘택트로 고객이 내 말에 집중하고 있는지조차 확인되지 않아 비효율적이며 진취적이지 않은 비즈니스 방식이라는 생각이 들어 호감 가는 직업군은 아니었다.

전화를 거는 대상은 본사에서 DB(데이터베이스)를 나누어준다. 짧게는 1년에서 그 이상도 더 지난 앞선 전임자들이 사용한 낡은 자료를 가지고 낮은 확률 게임을 해야 하는 것이었다. ○○생명 ○○사랑보험 기가입자의 인적사항이 기록된 명부를 본사로부터 내려받아서 유선상 소득을 올려야 했다. 신한○○이라는 말만 들어도 전화를 끊어버리는 고객이 10명 중 3명꼴이었다. 70% 고객을 대상으로 아니면 말고 식으로 헛발 짚듯이 전혀 니즈도 없는 고객에게 일방적인 전화로 상품을 세일즈하는 방식의 비즈니스였다. 솔직히 내 적성에 맞지는 않았지만 그럼에도 불구하고 도전해서 결과가 어떻게 나오는지 데이터를 내보고 싶었다.

멘트는 이랬다. "안녕하세요! 여기는 ○○생명 본사 VIP 최우수 고객센터입니다. ○○생명 ○○사랑 어린이보험 계약자님을 대상으로 이번에 금융감독원의 심사로 신용등급이 상향조정되셨습니다. 이번에 우리 ○○○VIP 고객님께서 우수고객으로 선정이 되셔서 본사 고객센터로 고객 명부가 이관되셨습니다. 앞으로 고객님은 우수고객센터에서 직접 관리를 해드리게 되었습니다. 등급이 상향되신 점 먼저 축하드립니다. 그리고 이번에 나온 비과세 혜택의 우수상품 중에서 무배당 변액, 연금, 종신보험 혜택까지 모두 보실 수 있는 상품이 출시되어 우선적으로 고객님께 먼저 선택의 기회를 드리기 위해 연락을 드리게 되었습니다."

여기까지 고객이 전화를 끊지 않고 듣고 있다면 한 단계 성공했다고 본다. 고객들의 반응을 보면 두 가지 유형이다. 하나는 종신과 연금 상품에 니즈가 있어서 끝까지 듣고 있는 유형이고, 다른 하나는 성격이 매몰차거나 독하지 못해 거절 타이밍을 놓쳐서 끊지 못하고 듣고 있는 우유부단형의 유형이다. 도입 부분까지 진행이 되면 좀 더 구체적인 상품 브리핑이 들어간다. 판매 금액은 3천, 5천, 7천, 1억짜리 네 가지 상품을 안내하게 되어 있다.

그러나 무조건 1억짜리부터 브리핑을 했다. 그러면 이런 현상이 연출된다. "안 해요, 못 해요"가 아니라 "1억보다 저렴한 상품은 없나요?" 그러면 그때 7천짜리 상품도 있다고 권유하면 고객은 심리적으로 7천이 엄청나게 싸게 느껴진다. 그때부터 클로징 확률 70%다. 그렇게 나는 첫 달부터 1억과 7천짜리 계약만 줄이어 성과를 올렸다. 다른 마케터들은 3천부터 브리핑이 들어간다. 그러면 금액을 절대 끌어올릴 수 없다. 도입이 그렇게 진행되면 금액도 금액이지만 협상의 진행이 어려워진다. "죄송합니다. 3천이라는 돈이 없어서 못해요."라고 고객이 전화를 끊으면 그만이다. 그러나 고객이 듣기에도 1억 하면 왠지 금액이 크고 노후자금이라는 점에서 귀가 솔깃해진다. 사실상 고객 입장에서 혜택을 볼 만한 플랜을 제공해드린다면 1억 정도는 가입해야 비과세 종신으로 연금 혜택이라도 볼 수 있게 된다. 그래서 상품에 가치를 두고 1억짜리를 권해서 노후

에라도 노후 안전자금으로 유용하게 쓸 수 있다는 안내가 절실하다는 생각에서 1억짜리 상품에 부담을 느끼거나 머뭇거리지 않았다.

입사 후 며칠 지나지 않아 1억, 7천짜리 계약이 연속으로 터졌다. 기존 능력자 선배들이 입을 떡떡 벌렸다. 어떤 멘트로 접근해서 권유했냐며 고객들이 1억, 7천 고액에도 수월하게 지갑을 열게 된 이유는 무얼까 무척 궁금해했다. 어떤 경로로 쉽게 계약이 이루어지는지를 조회시간에 내가 남긴 음성 녹취 파일을 틀어놓고 분석하며 아예 녹음을 떠서 그대로 외우는 마케터들도 늘어갔다.

고객과의 전화 녹취가 끝나고 계약이 확정되면 일정 기간 내 보험증권 원부를 우편으로 교부하게 된다. 그때 마케터들이 고객들에게 보내는 선물이 보통은 세제나 행주였다. 나는 선물 투자에 인색하지 않았다. 견과류나 디퓨져나 인테리어 소품, 장식품 등을 연령대에 맞추어 포장에도 신경 써서 보냈다. 그 지출 비용만도 만만치는 않았지만 얼굴도 보지 않고 내 목소리 하나 믿고 억대의 상품에 가입한다는 건 나도 쉽게 결정하지는 못할 일이었다. 그러니 뭔들 아까울 게 있었겠는가? 그렇게 3개월 정도는 지속적으로 계약 성사율이 톱에 속해 회사로부터 관심이 집중되는 유능한 마케터가 되어갔다. 나를 추천해준 송 실장도 알토란같은 인재를 모셔왔다는 칭찬을 들어 내게 고마워했다.

전화 상품은 3주 안에 청약 철회를 할 수 있도록 통신 판매법이 고객 위주로 되어 있었다. 계약 완료 시 녹취 내용에도 코멘트를 재차 언급해주고 있었다. 그래서 고객이 기간 내에 청약을 취소할 수 있다는 걸 알고 가입에 신중을 기하지 않고 쉽게 결정하는 줄은 미처 몰랐었다. 나는 온전히 몰입해서 상품을 팔고 나면 게임 종료라고 생각했다. 나는 더 나은 결과를 돌출해내기 위해 다음 스텝을 준비하고 미래를 계획하는 스타일인데…. 선물과 함께 증권 발송을 끝내고 그 실적에 대한 수당까지 받고 나면 일단락이 되는 거라고 생각하고 있었는데 그게 다가 아니었다.

절차가 끝난 후 한 계약 고객으로부터 전화가 걸려왔다. 여러 가지 청약 철회 사유를 들면서 철회 통보를 받았다. '뭐야, 이 상황은….' 묘한 감정이 들면서 철회 기간이 지나기 전까지는 고객의 전화에 기쁘게 반응해야 하는데 노이로제가 걸릴 것 같았다. 나는 이 일에 적응을 못 할 것 같았다. 비즈니스에 폐단이 있다는 걸 계약을 성사시켜보니 알게 된 것이었다. 전화

판매 상품의 폐단이 명확히 부각되어 나타났다.

구력이 10년 정도로 오래된 선배들에게 문의해보니 5건 계약 성사 시 1건 정도 유지되면 성공이라고 했다. 상심이 크지 않냐고 물어보니 처음 1년은 그랬는데 시간이 지나면 그것도 초연해진다고 했다. '아뿔싸!' 선배들과 내 생각은 크게 달랐다. 청약 철회율이 높다는 폐단을 미리 알았다면 나는 애당초 시작도 안 했을 것이다. 비즈니스 자체가 명확성이 없는 건 딱 질색이었다. 아무리 성과가 크고 성공 보수를 많이 받는다고 해도 절대 행복할 수 없다는 생각이 들었다. 소득에 대한 미래 계획도 세울 수 없으니 진취적이거나 미래지향적일 수 없다고 판단했기 때문이다.

넉 달도 채 되지 않은 시점에서 내가 그동안 집중해서 성사시켜 계약한 1억짜리와 7천짜리 상품 등 10여 건의 실적에 대한 정산만 끝내고 사직 의사를 분명히 밝혔다. 지점장님께서 만나자고 제안을 하며 설득하려 했지만 결국 나를 설득할 수는 없었다. 관련된 누구와도 타협하지 않았다. 미련 없이 웃으면서 떠나왔다.

가보지 않고 행하지 않으면 알 수 없는 일들을 우리는 만나게 된다. 가보았기 때문에 되돌아 나올 수 있었고, 행했기 때문에 멈출 수 있었다. 가보고 행했기 때문에 또 다른 올바른 선택도 내릴 수 있었던 가치 있는 시간에 대한 경험을 감사하는 마음으로 추억해본다.

알고도 행하지 않는 것과 몰라서 못 하는 것의 차이와 가치는 선택해 보아야만 알 수 있다.

알고도 행하지 않는 것과 몰라서 못 하는 것의 차이와 가치는

선택해 보아야만 알 수 있다.

슈퍼갑

20대 초반부터 시작해서 40년이 흐르는 지금까지 매우 다양한 비즈니스를 접해왔다. 필드에서 얻어진 소중한 성과들을 초석으로, 변화하는 시장의 흐름을 읽어낼 수 있었다. 선택한 일에 집중하면서 1인 창업의 로드맵도 구축해왔다.

20년 전부터 서서히 시작된 경기불황의 여파로 저성장의 기류를 감지하게 되었다. 그 대안으로 오던 길 멈추어 서서 찾아나선 아이템은 항노화산업의 일환인 바디 분야였다. 그중에서도 블루오션인 왁싱 분야에 관심을 갖게 되면서 그 자격들을 갖추게 되었다.

인생의 하프타임에서 기술을 연마해 왁싱이라는 새로운 채널을 통해 한 번 더 거듭날 수 있겠다는 가능성을 열어놓고 50세가 넘어선 나이에 용기 내어 슈퍼갑(라이선스 취득)에 도전하게 되었다. 피부, 바디, 왁싱 분야에 진입하려면 피부 국가자격증 취득이 선행되어야 했다. 국가자격증을 취득한다는 게 그리 녹록한 일은 아니었다. 센스와 테크닉은 무관하다는 걸 국가자격증 취득 시험을 여러 차례 치르면서 깨닫게 되었다.

피부 국가자격증의 이론시험은 절대평가다. 이론시험은 실력대로 가늠이 되었지만 실기시험은 상대평가였다. 상대평가는 시험 당일 감독관에게 세심한 집중이나 이목을 받지 못하고 스치는 순간에 미숙한 모습이 한 번이라도 보이면 불합격 처리될 수밖에 없는 평가 방식임을 감지할 수 있었다. 감각은 전혀 합격의 가산점이 될 수 없었고, 시험 날 내 주변에 나보다 잘하는 친구가 많으면 상대적으로 불합격 판정의 확률이 높았다. 그러니 감점 없이 기본에 충실해야만 합격률을 높일 수가 있었다.

이론시험은 컴퓨터로 그 자리에서 바로 합격 여부를 확인할 수 있었다. 한 번에 통과했다. 그러나 실기에서는 3회 연속 불합격 판정을 받았다. 학원 강사는 수업 시간에 실기하는 모습을 보면 선생님이 떨어지는 이유를 모르겠다며 프로처럼 너무 잘한다고 격려만 해주고 있었다. "시험장에 가시면 너무 눈에 띄지 않게 안경도 비싸 보이는 거 끼고 가지 마세요. 향기 나는 로션도 일절 바르지 마시고 제발 가셔서 튀지 좀 마세요!"라는 주의를 줬다. 그럼에도 불구하고 실기시험 결과는 연속 실격인 이유를 나 자신도 알 수가 없어 답답하기만 했다. 3회 연속 불합격되면 보통 실기에 소질이 없다고 보는 게 일반적이라고 했지만, 나는 스스로 답을 찾기로 했다. 어째서 거듭해서 실격이 되는 건지 그 원인을 반드시 검증해보고 싶었다. 포기하지 않고 끊임없이 도전해서 합격해보면 그동안 떨어진 이유를 알 수도 있을 것 같았다. 그러면서도 상심하지 않고 머지않아 합격해서 기쁨에 찬 모습으로 축하받는 모습도 상상해 두었다.

국가시험은 합격을 위한 시험이 아니라 감점을 주는 시험이라는 생각까지 들었다. 동행하는 모델의 자세와 수험자의 복장 및 베드 세팅과 왜건의 청결 상태, 그리고 시술자의 테크닉 등 어느 것 하나도 빠짐없이 합격점 안에 들어야 했다. 실기시험에 거듭 떨어지면서 실습을 반복하게 되어 나중에는 국가자격증 수험생들을 코칭해도 될 만큼 노련하다는 말을 들을 정도의 실력이 배양되었다. 다행히도 매달 시행되는 시험 일정 때문에 지체하지 않고 스케줄을 바로바로 잡을 수 있었다. 한 번 더 희망을 걸어보기로 했다. 이번에는 오산시에 있는 오산대학에서 실기시험을 치르게 되었다.

그런데 또 심상치 않은 조짐이 있었다. 약속되어 있던 모델이 시험 하루 전날 밤, 펑크를 냈다. 앞은 캄캄했지만 급조로 밤 9시 스타벅스 커피숍으로 달려가서 알바하고 있던 여학생에게 다리에 털 상태 유무 확인 후 하루 알바비의 3배를 제안하고 모델을 급조해서 시험장까지 동행할 수 있었다.

시험장에 입실하기 전에 수험표를 뽑게 되어 있다. 뽑은 번호가 그날의 지정석 베드이다. 그 어느 날보다도 비장한 각오로 시험에 응했다. 이민 가방처럼 무거운 가방을 챙겨 가야 해서 더 이상 고생은 그만하고 싶었다. 이번만큼은 합격 소식을 들어야 한다는 비장의 각오로 임했다. 그래서 수험표를 뽑을 때 요령을 부렸다. 수험표가 담긴 사각 박스 위에 손만 들어갈 정도의 구멍이 뚫려 있었다. 앞에서 수험생이 수험표를 뽑을 때 살짝 미리 들여다보았다. 3번 수험표가 보였다. 3번 베드의 위치는 맨 앞이 분명했다. 나는 맨 앞자리 3번에서 시험을 치르고 싶었다. 맨 앞 단상에는 시험 감독을 대표하는 지휘감독관이 서서 모든 일정을 총지휘하기 때문에 나는 그분의 눈에 띄고 싶었다. 감독 중 누군가가 제발 나를 좀 지켜봐 주기를 바라는 마음으로 의도적으로 3번을 뽑았던 것이다.

예측대로 나는 총감독의 앞에서 시험을 치르게 되었다. 앞서 3차례나 시험을 치러 오면서 내 테크닉 상 어느 부분이 감점

요인인지 도대체 이해되지 않는 의문들이 풀리기를 바라는 마음으로 응시했다. 이번 시험도 또 떨어진다면 분명 그동안 내가 배운 테크닉에 문제가 있다고 간주하고 학원을 옮겨서 처음부터 다시 배워볼 것도 고려하면서 이번 시험이 마지막이라는 마음으로 시험을 치렀다. 그러면서 실수만큼은 제발 일어나지 않기를 바라며 차분하게 시험에 응시했다. 실기 과목 하나하나에 집중하면서 첫 번째 과제는 모두 실수 없이 통과했다.

베드 세팅을 다시 하고 팔, 다리 부위 시술인 두 번째 과제를 시작하기 직전에, 이게 또 웬일이란 말인가? 왜건 위에 올려져 있어야 할 준비물 한 개가 안 보였다. 모델이 도와준다고 돕다가 베드 밑의 가방에 함께 정리해서 넣어버리고 말았던 것이다. 아찔하고 깜깜했다. 이렇게 나는 또 감점을 받아야 된다는 말인가? 준비물 없이 시험을 보게 되면 제모 과정이 누락되면서 팔, 다리 두 번째 과제 점수는 아예 과락이 될 수도 있었다. 그래서 시험 감독관에게 요청했다. “감독관님! 화장실을 못 다녀왔는데 잠시 화장실을 다녀와도 되나요?”

차분하게 진행해오던 나에게 긍정의 눈빛을 보내주던 감독님께서 모두에게 마이크로 안내를 하셨다. 화장실 못 다녀오신 분들을 위해 5분간만 휴식 시간을 드릴 테니 다녀오시라고 하고 자리를 잠시 떠나셨다.

재빨리 베드 밑에 있는 가방에서 제모에 필요한 달컴 파우더 통을 챙겨서 왜건 세팅을 제대로 할 수 있었다. 무사히 위기를 넘기고 두 번째 과제의 마지막 파트인 다리를 하는 동안 어느 틈엔가 여러 명의 감독이 내 주변을 에워싸고 있었다. 의식하지 않고 리듬감과 밀착력, 박자에 맞추어 바른 자세로 다리 관리를 여유 있고 도도하게 마무리하였다.

두 번째 과제를 완벽히 마친 후 세 번째 과제, 림프 드레나쥐 과제를 진행하는 동안에도 감독관들이 나를 또 둘러싸고 테크닉을 유심히 지켜보면서 점수를 매기고 있었다. 그렇게 실수 없이 멋지게 세 번째 과제까지 성공적으로 마치고 시험을 종료했다. 만만세였다. 위기 상황을 지혜롭게 대처해 실수 없이 끝냈다는 게 더없이 기뻤다. 최선을 다해준 나 자신이 너무 대견했다. 서울로 돌아와 저녁은 맛있는 두부 정식 만찬으로 외식을 하면서 너무도 애쓰고 수고한 나 자신에게 격려와 위로를 아끼지 않았다.

합격자 발표 날! 인터넷으로 발표를 확인했다. 결과는 놀라웠다. 보통 60점 이상만 되면 합격이니까 굳이 70점 이상의 합격 점수는 거의 주지 않는다고 학원 선생님에게 들어왔었다. 그런데 놀랍게도 83점으로 합격을 했다. 학원에서는 경사 났다고 했다. 학원생들 중 70점 후반대의 점수까지는 보았어도 80점 이상의 점수는 본 적이 없다고 담당 선생님도 놀라워했다.

"선생님, 정말 대단하세요! 그렇게 고생을 하시더니 결국 고득점으로 합격을 하셨군요."

그러면서 '정말 다이나믹한 분'이라는 찬사도 아끼지 않았다. 나는 마치 사법고시에 합격한 것처럼 가슴이 터질 듯 기뻤다. 피부 국가자격증 시험 준비물이 엄청나게 많아서 그동안 너무도 고생스러운 행보였다. 불합격 소식을 듣고 혼자 개탄하면서 불도 켜지 않은 컴컴한 방에서 펑펑 꺼이꺼이 울던 날의 슬픈 기억들도 한 방에 날려버릴 수 있었다. 합격하니 내가 수차례 불합격이 된 원인을 알 것 같았다. 값진 것에 대한 큰 감동과 가치를 알게 하기 위한 숙련 기간이었다고 생각하기로 했다.

귀가 후 트렁크에 실려 있던 이민 가방(?)을 내리는데 무한히 지쳐있던 나의 모습과도 닮아 있었다. 너무도 소중하고 사랑스럽게 느껴졌다. '그래! 그동안 너도 참 고생 많았다!' 그동안 그리도 무겁게 느껴졌던 가방인데 그날은 가뿐하게 차에서 내릴 수 있었다. 가방을 열고 하나하나 짐 정리를 하면서 이건 이래서 저건 저래서 소중한 것들이라 어느 것 하나도 처분할 수 없었다. 지금까지도 청담 숍에서 사용하고 있고, 인내와 눈물과 용기와 열정이 서려 있는 가방은 관리가 잘되어서 새것처럼 깨끗했으므로 학원에 기부했다. 다음에 응시할 후배 수험생들을 위해 나의 열정과 에너지를 듬뿍 담아 기꺼이!

원생들에게 한턱 내는 건 물론이고 끝까지 용기를 주며 학원 베드에서 연습을 지속해서 할 수 있게 배려해주고 격려해주신 선생님께 쿠션감 있고 폭신한 겨울 실내화를 선물해드렸다.

그렇게도 취득하고 싶었던 피부 국가자격증을 받고 보니 생각보다 가벼웠다. 손바닥만 한 크기로 된 수첩형 합격증이었다. 그 자그마한 합격증 한 장이 너무도 소중했고 가슴 뛰게 했다. 나는 국가가 허용하는 범주 안에서 바디와 피부를 관리할 수 있는 전문 자격을 갖추게 되었다. 그토록 바라던 '슈퍼 갑'이 된 것이다.

나는 나만의 기술력을 갖고 싶었다. 차별화와 경쟁력을 갖추고 싶었다. 기술은 체온, 속도, 밀착력 등 손맛이기 때문에 모방해도 나를 복제할 수는 없었다. 그것이 내가 바라는 슈퍼 갑이었다. 나는 피부 국가자격증을 취득함으로써 슈퍼 갑이 되었다. 피부 왁싱 분야의 슈퍼 어드바이저의 꿈이 다시 생겼다.

내 안에 다 있다

학력과 경력 제한이 없는 미용 직업군 왁서는 갈수록 영향력이 넓어지는 분야로 꼽을 수 있었다. 지금부터 준비해도 늦지 않다는 생각이 들었다. 그저 현실에 만족하고 안주하며 저벅저벅 앞만 보고 가기에는 초고령화 시대를 대비해서 삶의 질뿐 아니라 미래 지향적인 희망도 가질 수 없다는 사실을 간과할 수 없었다. 게다가 노후 보장도 받지 못하는 현실을 감안해볼 때 그 확실한 대안은 1인 창업 왁싱 비즈니스에 나의 주파수가 고정되었다.

언제나 사업 아이템을 선택하기에 앞서 과도기, 안정기, 성장기로 진행되는 패턴을 파악해볼 때 웰니스 산업의 일환인 왁싱 시장은 수요 공급의 원리에 따라 살펴보면 수요 대비 공급이 턱없이 부족한 과도기 시장임을 직감할 수 있었다. 자기관리로 통한다는 왁싱은 하나의 소비문화로 정착되면서 글로벌 시장까지 자리가 굳혀질 만큼 안정기에 접어들었다고 관찰되었으며 수요가 많은 데 비해 제대로 준비된 공급자가 많지 않다는 게 틈새며 기회로도 여겨졌다.

질 높은 왁싱 시장의 성장세는 앞으로도 지속적으로 이어갈 것이라 전망되었다. 고용불안의 원인으로 평생직업을 찾기 위해 다양한 연령층이 도전하고 있는 미용계의 블루오션인 왁싱 창업이 유망 직업군이라는 점에서 제대로 교육받을 통로를 결정해야 했다.

국민대 풀마스터 최고 과정을 밟으며 라이콘(호주), 리카(이태리), 베럴(영국), 데필에버(스페인) 등 소프트, 하드 왁싱을 습득해 열심히 지역 세미나를 쫓아다니면서 창업을 고려해보았지만 항노화 사업으로 부합되지 않는 석연치 않은 마음에 이끌림을 받지 못한 채 창업을 망설이며 고민하고 있던 중, 누군가에 의해 슈가링 왁싱에 대한 고급 정보를 접하게 되었다. 미국에 기반을 둔 회사로 고대의 제모 방식을 현대 트렌드에 맞게 최초로 개발시킨 회사였다. 바디 슈가링 분야의 세계적 리더격인 회사, 미용학 교재에 등재된 유일한 회사이며 무엇보다 천연 제품의 우수성과 우리나라에 들어온 지 4년 차로 역사가 짧아 기회의 폭이 크다는 점이 장점으로 부각되었다. 무엇보다 핸드 테크닉 기법이 향후 강력한 나만의 도구가 될 수 있겠다는 차별화된 장점에 크게 이끌렸다.

왁서, 즉 왁싱 전문가란 다양한 기술과 제품을 사용하여 고객에게 맞는 최상의 서비스를 제공해줄 수 있는 전문 인력으로 왁싱만이 아니라 에스테틱에 대한 전반적인 이해로 관리를 해줄 수 있는 전문가를 말한다. 왁싱은 누군가에게는 미지의 세계이겠지만 한 번 왁싱의 매력을 경험한 사람은 신세계의 느낌에서 빠져나올 수 없게 된다. 한 번도 안 한 사람은 있어도 한 번만 한 사람은 없다. 왁싱은 헤어의 문제가 아니라 피부의 문제다.

창업에 대해서 말하자면, 지금은 평생기술을 준비해야 할 때이다. 인생의 하프타임에서 가치와 기쁨으로 롱런할 수 있는 일을 찾게 되었다. 점포 발굴 과정에서 일어난 많은 유혹과 웃지 못할 해프닝을 겪으면서 우여곡절 끝에 청담동에 캠프를 마련해놓고 보니 광고를 하지 않아 초기 한 달가량은 큰 섬에 홀로 체류하고 있는 듯한 힘든 시간도 보냈다. 그러나 한 번 다녀간 고객들의 자발적인 바이럴 마케팅의 도움으로 입소문을 타고 두 달째부터 초고속 안정기를 지나 성장기로 진입할 수 있었다.

청담 왁싱 로지슈가링의 콘셉트는 멀티숍처럼 여러 품목을 취급하지 않는다. 미국 뉴욕 상위 1%들만 받는다는 알렉산드리아 프로페셔널 전문 제품만을 사용하는 정품제품 사용 인증숍으로 면모를 갖추고 온리원 1:1 맞춤 슈가링 왁싱 전문숍으로 원 베드 프리미엄 여성 전용 공간이다.

하루 얼마를 버느냐보다는 단 한 명을 만나더라도 질 높은 트리트먼트 결과에 초점을 맞추어 차별화된 고객 응대와 전문 케어 솔루션만을 진행해오면서 자연스럽게 로열 고객과 충성고객의 인프라 층이 두터워졌다. 여름 한 철 유행처럼 지나가는 일회성 왁싱 시술이 아닌 주기적인 사이클에 맞추어 불필요한 체모 제거 후에 남겨진 피부에 철저한 재생관리로 사계절 고객을 위한 관리를 게을리하지 않고 있다. 여성들의 골반 냉증을 해소하고 복부 에너지를 상승시켜주는 소중한 Y존 클리닉과 정체된 림프의 순환을 도와 모공 속 노폐물의 배출을 촉진시켜주는 퓨어스킨 트리트먼트와의 병행 프로그램으로 지속적인 멤버십 운영 시스템이 구축되었다.

미용계의 화려한 경력이나 스펙에 의존하는 구태의연한 자세보다는 지금까지 해온 것처럼 초심을 잃지 않고 슈가링 시장의 저변 확대와 인재 발굴을 위해 실력과 인품을 갖춘 롤모델이 되어가는 삶으로 가치와 인품을 팔고 전하며 내방자들의 조력자로 한 스텝 한 스텝 꾸준한 성장을 이어가는데 노력을 아끼지 않고 있다. 섬김과 헌신이 성공의 바로미터임을 늘 잊지 않으려 한다.

이제 이쯤에서 직원 없이 4년 연속 억대 매출을 올릴 수 있었던 비결을 공개한다.

우선 고급화 전략을 세웠다. 올해로 오픈 4년이 되었다. 감사하게도 코로나의 저항을 크게 받지 않고 꾸준하고 평화롭게 고객의 방문은 이어졌다. 역발상 창업으로 성공한 청담동 우먼 왁싱 부티크는 초기 창업자금에 대한 지출은 컸지만 고정관념을 깨고 강남권에서도 가장 비싸다는 청담역 초역세권에 위치한 여성 전문 프리미엄 왁싱의 메카, 여성 전용 왁싱숍을 마련했다.

청담 지역은 물론 압구정, 강남권 및 경기권, 강북권, 경남북권, 호남권, 멀리 해외 시애틀, 홍콩, 영국, 미국, 뉴욕, 싱가폴에서도 입소문을 타고 방문해주시는 충성고객과 장기고객의 인프라 구축으로 현재 2028년 12월까지 부킹이 완료된 고객도 있다.

숍의 콘셉트는 햇빛이 잘 들고 환기가 잘되는 통창의 장점을 살렸다. 서향이라 볕이 과한 건물 구조의 단점을 보완했으며 이중창으로 소음을 차단했다. 청담동의 특성상 내부가 많이 낡았지만 과감히 리모델링을 하여 아늑하고 따스함을 더했고 공간의 차별성으로 고객들의 입소문을 타고 소개도 꾸준히 늘었다.

고객에게 단지 왁싱만 받았을 뿐인데 마치 전신관리를 받은 듯 힐링을 받고 간다는 케어의 만족한 피드백을 받으며 햇수가 더 해갈수록 질 높은 고객들의 증가로 인한 선순환의 구조가 견고하게 형성되었다. 그 이유는 로지슈가링만의 차별화된 후관리 레시피의 만족도 때문이었다고 생각된다.

현재 사용 중인 미국 알렉산드리아 프로페셔널사 제품의 구매 단가는 고가이지만 인체에 안전하고 젠틀한 천연제품인 뉴욕 상위 1% 슈가 왁싱 정품 전문숍으로 인지도가 상승하여 안심하고 방문하는 장기 회원들의 방문이 꾸준하니 비수기 없는 수익의 증대를 유지할 수 있었다.

리스크를 대비해 조촐하게 운영해보고 사업이 잘되면 그때 다시 좋은 곳으로 확장해야지 하는 식의 소극적인 고정관념의 틀을 깨고 청담 지역의 특성상 오래된 구 가옥으로 형성되어 점포임대 수요 대비 공급이 부족한 청담동만의 메리트를 감지, 10년 장기플랜을 세운 결과 올해로 4년차에 접어든다. 안정적인 고정 매출을 유지하며 철저한 원 베드 원칙, 원장 직접 케어 시스템으로 운영 중이다.

테이블 회전율로 수익을 증대할 수 있다는 박리다매 방식의 일반적인 고정관념의 틀을깨고 하루에 단 한 명을 만나더라도 고객의 입장에서 가장 편안한 서비스가 제공되도록 쾌적한 공간을 위한 맞춤형 관리의 차별화로 진행을 하다 보니 오히려 재방문 사이클의 단축으로 인한 매출 증대와 고객들로부터 숍의 대체 불가, 왁싱 계의 샤넬이라는 찬사와 격려에 힘을 받아 가치와 기쁨을 고객들에게 배가시킬 수 있었다.

예측 불가한 당일 예약 허용으로 매출에 연연하는 고정관념의 틀을 깨고 철저한 선 예약제로 하루 11시, 3시, 7시, 세 팀만 진행함으로써 케어의 질을 높여 고객의 플랜 관리에 초점을 맞추어 운영하다 보니 예약 변경이나 취소, 노쇼로 인한 시간적 로스나 재정적 리스크가 전혀 발생하지 않았다.

나는 해보고 싶은 것 중에서 안 해본 것 없이 다 해보았다. 왜냐하면 나는 무엇이나 다 할 수 있다고, 그렇게 믿고 있으며 그 믿음대로 행하니 안 되는 게 없었다. 행함은 삶이요 나는 이곳에 나답게 살기 위해서 왔다. 더 이상 해보고 싶은 것도, 아쉬움도, 회한도 없다.

지면이 한정되어 이 책에 언급하지 않은 것도 많은데, 나는 앤티크숍, 주얼리숍, 시사영어사 근무, 남성 맞춤 오더숍, 부동산 실장, 의류 딜러, 의류 MD, 부속실 비서, 국책은행 행원, 네트워크사업, 온열치료사, 생명사 텔레마케터, 왁싱숍. 출판작가가 되고 싶어 작가 수업도 받았다.

나에게 있을 건 다 있다. 건강, 자유, 경제, 다채로운 사업 툴의 경험 등을 갖고 있다. 나는 누구보다 축복된 삶을 살고 있으며 누구보다 은총을 흠뻑 받으며 살아왔다고 감히 고백할 수 있다. 나는 더 이상의 바람이나 욕구보다는 현재 갖고 있는 재능의 리뉴얼로 유지하고 나누는 삶을 살다가 원래의 있던 자리로 되돌아 가면 된다. 내가 꿈꾸고 바라는 삶은 아름답게 늙어가는 것이다. 내가 꿈꾸고 바라는 삶은 내가 머물렀던 자리에 향기와 온도, 색체를 아름답게 물들이며 살다 가는 것이다. 혼자가 아닌 모두와 함께 공유하며 살아가고 싶다.

내가 꿈꾸고 바라는 삶은 아름답게 늙어가는 것이다.

혼자가 아닌 모두와 함께 공유하며 살아가고 싶다.

쓰임 받는 삶

오늘과 내일이 같으면 죽은 삶이라는 생각으로 살다 보니 성공할 수 있었다. 변화가 없는 삶은 슬픈 삶이라고 생각했기 때문에 성공할 수 있었다. 어려서부터 자신감을 키워주는 이야기를 많이 듣고 자란 덕에 성공할 수 있었다. 나 자신의 삶을 철저히 사랑했기 때문에 성공할 수 있었다. 성공에 매몰되지 않고 변화를 이루었기 때문에 성공할 수 있었다. 고객이 나를 선택해주었기 때문에 성공할 수 있었다. 나는 끊임없이 쉬지 않고 무언가를 했기 때문에 성공할 수 있었다.

'나에게 성공이란, 이루어짐이다.'

인생은 장기 승부다. 나는 간절함과 절박함의 태도로 임했기 때문에 성공할 수 있었다. 밝은 사고와 타인을 배려하는 마음으로 살아왔기 때문에 성공할 수 있었다. 매사에 지극한 정성을 쏟았기 때문에 성공할 수 있었다. 생각의 차이로 기회를 만들었기 때문에 성공할 수 있었다. 아이템은 자신에게서 구하고 시장에서 찾고 확인하면서 교집합 관계를 성사시켜 성공할 수 있었다. 누구든 키워드만 찾으면 쉽게 할 수 있다. 누구든 방법을 알고 지름길로 간다면 빨리 갈 수 있다. 성공한 방법을 벤치마킹하면 당신도 쉽게 할 수 있다.

'나에게 성공이란, 할 수 있음이다.'

40년간 다양한 분야에서 터득한 노하우를 기반으로 받은 물질의 축복과 풍성히 받은 은총을 재능 기부하는 마음으로 어떠한 채널을 통하든 나누는 사명을 완수할 것이다.

창업은 스펙이다. 경력 단절로 고민하는 청년들의 평생기술, 평생직업의 멘토가 되어 자신들에게 어울리는 플랫폼 만들기에 동참하여 1인 창업의 로드맵을 구축해주는 1인 창업 플래너의 삶을 살고 싶다. 다채로운 분야에서 1인 창업으로 모두 성공시킨 것처럼 삶의 내공을 깊이 우려내서 나를 필요로 하는 젊은 청년들에게까지도, 성공 창업의 청사진을 제시해주는 창업 어드바이저의 삶을 살고 싶다.

그동안의 삶은, 자신은 별로 잘한 게 없는데 주변 사람들의 도움으로 많은 복을 받으며 인복을 누려왔다면 앞으로의 삶은 언행에 덕을 갖추고 남들의 도움을 받을 자격을 갖추어가고 싶다. 덕을 쌓는 일에 인색하지 않게 인복과 인덕의 조화로운 삶을 추구하고 싶다.

한 분 한 분 일일이 찾아가 만날 수는 없지만 40년간 삶의 현장에서 체득한 나만의 노하우와 스킬들이 오롯이 담긴 이 책을 내놓게 되었다. 《김이령의 더 셀렉션 THE SELECTION》은 나의 분신으로 세상에 남겨질 것이다. 내게 허락된 시간 동안 필요한 곳 어느 곳이든 쓰임 받는 사람으로서 나 되어가는 삶으로 더 아름다운 세상을 만들어가게 될 것이다.

'나 되어가는 삶이란, 최고만을 선택한 성과들을 세상에 다시 되돌려 놓는 삶이다.'

<나의 사랑하는 부친께>

지금 이곳에서 다시 그곳, 여기로 떠나신 나의 부친께 올립니다.

8남매 중 일곱째인 저를 유독 아끼시고 어려워하셨지요. 칭찬을 모르시는 분이셨는데 제게는 칭찬을 아끼지 않으셨어요. 때로는 안하무인이셨어도 저에게 만큼은 순한 양이셨습니다. 유일하게 "당신 말은 틀리고 네 말이 맞다."라고 인정해주신 솔직한 모습도 제게는 보여주셨지요. 당신의 그 영함, 열정, 당당함과 큰 포부 등 당신의 장점만을 제가 몽땅 대물림 받았더군요.

그런데 저는 시대의 변화에 맞는 자기계발로 그 좋은 도구들을 잘 갈고 다듬어 이렇게 멋지게 성장해 당신, 그때의 나이만큼이나 세월에 익어버렸네요. 그동안 당신께 아쉬웠던 마음들을 제 속에 녹여내서 저는 더 열심히 살아낼 수 있었습니다. 공기 중에 바람결에 늘 저를 살펴오셨음을 알고 있었다고 이제는 실토합니다. 어릴 때 당신의 모습들이 너무도 생생해 자녀인 내게도 가슴 시림이었고 '오죽하면 저런 결정을 내리셨을까'라는 연민을 가슴에 가득 담고 살아온 제 마음을 이제는 당신께 되돌려 드립니다.

이곳에서 사시는 동안 서투른 선택으로 얼마나 많은 고뇌의 시간을 보내셨을지 그 마음을 오롯이 품고 살았던 당신이 느꼈을 고통마저도 이제는 새털처럼 가벼운 마음으로 되돌려 드리겠습니다.

누가 보아도 젠틀하시며 당당하시고 언변이 남다르셨지요. 내면은 누구보다 따뜻하심을 저는 다 알고 있었습니다. 카리스마 넘치는 우월 유전자를 대물림해 주셔서, 그 가치를 알도록 몸소 보여 주셨기에 저는 타인에게 인정받고 복과 덕을 누리는 삶을 살아낼 수 있었습니다.

멋지신 나의 아버지, 하늘나라 천사들은 선택할 일이 없을 테니 평안하시지요? 부디 평안한 안식을 취하시며 후손들의 모습을 여전히 지켜봐 주세요. 당신을 '찐' 사랑합니다.

P.S.

아! 당신께서 늘 제게 말씀하셨잖아요! 너는 머리가 비상하고 영특해서 남자로 태어났으면 한자리했을 거라고요. 지금은 시대가 변해서 남녀 구분 없이 말씀대로 제 자리 찾아서 굳히고 잘살고 있습니다. 당신 말씀이 100% 맞았습니다. 그 임팩트 있는 한 말씀이 저의 존재감을 찾게 해주었습니다. 그것은 저의 자존감을 지켜준 생명의 말씀이었습니다. 모든 게 하나같이 고맙습니다.

<나의 사랑하는 모친께>

LA 요양병원에서 마지막 회우를 했었지요. 당신이 유난히도 예뻐하셔서 질투심을 갖게 했던 막내딸을 향한 무한사랑쯤이야, 지금이라면 그 자리 통째로 내어줄 수도 있으련만, 한창 자랄 때는 막내만 챙기시는 당신이 얄밉기도 했지요.

당신은 안 좋은 기억을 몽땅 지우고 싶어 외손주들이 한창 예쁘게 성장할 때의 80년도 과거 속에 갇혀서 당신만의 아름다운 추억 여행을 하시다가 소천 하셨습니다. 마지막 회우한 그 날 첫 마디는 제 이름과 막내의 이름을 또렷이 부르시면서 너희가 내 속에서 나온 내 딸들이구나, 내가 이렇게 예쁜 딸들을 낳았구나 하시면서, 엄마 집으로 어서 가서 차려놓은 밥과 아이들 위해서 준비해둔 과자들을 먹으라고요. 여름 홑이불도 깨끗이 빨아서 갈아 놓았으니 넓은 집에 가서 며칠 쉬었다 가라고도 하셨지요.

엄마는 30년간 미국 실버타운에서 말도 통하지 않는 흑인들의 경호를 받으며 대화가 차단된 채로 고독한 삶을 사시다가 6년 동안 병상에 누워 계셔서 집 한 칸 없었는데 말이지요. 또 저에게는 당신 외손주의 이름을 기억해 내시며 유치원에서 올 시간 되었으니 어서 가서 아이를 챙겨야지 여기 왜 이러고 있냐시며 유치원 차량 놓치지 않게 어서 가라고요!

부산 다대포에서의 삶을 기억하고 싶었던 모양이었지요. 정갈하시고 영민하시며 경우에 빠지지 않으셨던 나의 엄마. 오감이 뛰어나셔서 패션 센스가 남다르셨던 내 엄마. 빚더미 속에 있을 때 수십 명의 빚쟁이가 몰려와 사기꾼 소리를 밥 먹듯이 퍼부어도 비굴하거나 모면하려고 뒤로 숨지 않으셨던 엄마의 당당함과 솔직했던 그때의 모습이 아련합니다.

한결같이 향기를 잃지 않으셨던 천생 여자의 모습, 그 아름다운 여성성이 지금도 또렷합니다. 분노를 가득 품고 쫓아온 빚쟁이들 앞에서 엄마는 원금은커녕 밀린 이잣돈 한 푼 준비해두지 않은 채로 설득해서 순한 양의 모습으로 돌려보내셨지요. 폭발한 그들의 감정들을 내일까지 기다려보라는 말 한마디로 누그러뜨리고 가라앉혀서 귀가시키는 설득의 여왕, 협상의 귀재셨습니다.

그런 당신의 언변과 대화의 스킬을 제가 쏘옥 빼 닮았더라구요. 피는 물보다 진하다고 하잖아요. 저는 완전 엄마의 진한 피가 흐르고 있습니다. 남의 돈을 무서워하는 것만 빼고요. 채무의 무서움을 일찍이 몸소 겪게 해주신 리얼 체험으로 저는 남의 돈이 소중한 만큼 내 존재는 더 소중함을 터득하게 되었지요. 늘 내가 쌓은 성벽이 탄탄해야 남에게 수모와 멸시를 당하지 않을 수 있다는 돈의 힘에 대한 교훈을 대물림해 주셨기에 저는 지금까지 대출, 마이너스 없는 부유한 삶을 살고 있습니다.

엄마의 삶까지 보상하는 자세로 이웃을 존중하며 살아가고 있음은 온전히 엄마의 교훈 때문입니다. 어디 그뿐입니까? 오감이 뛰어나신 엄마의 패션센스, 예쁜 말투, 화사한 피부, 우아한 자태는 엄마의 도플갱어입니다.

극장에서 남의 돈이 가득 들어 있는 지갑을 주워서 그 돈 쓰시고 제 병치레 수발하시며 죽을 고비 넘겨주셨지요. 제 생명 살려 놓으신 그 경험을 통해 저는 절대 불로소득은 사절입니다.

사랑하는 내 어머니, 삶의 현장에서 얻은 리얼 체험보다 더 큰 유산이 어디 있겠습니까? 옳고 그름, 시시비비, 이혼이라는 당신 주장을 꺼내지 않으셨던 선한 선택과 지성의 자세로 변명이나 일구이언은 안 하시던 엄마의 흔들리지 않는 정체성과 자존감이 제게는 피와 살이 되어 더욱 견고하게 살아갈 수 있는 자양분이 되어주심에 감사드립니다. 부모와 가정은 저의 자율적 선택은 아니었지만 그 어떤 선택보다, 이번 생에 최고의 선택은 엄마의 자궁을 통해 하늘 씨앗으로 이곳에 와서 지금을 살게 된 사건, 천륜으로 맺어진 선순환의 인연에 경의를 표합니다.

저는 당신의 우월 유전자를 갖고 태어난 소중한 하늘 씨앗입니다. 너는 입부터 자궁문을 잡고 탄생한 만큼 평생 입으로 먹고살 거라 하셨지요? 당신 말씀처럼 제 육신 중 입을 가장 많이 사용하며 저 자신과 세상을 변화 시켜 왔다고 봅니다.

나의 엄마. 엄마는 지금도 제안에 계시며 영원히 제안에 머물러 계실 엄마를 '찐찐' 사랑합니다.

P.S.

아! 엄마의 그 차갑고, 쌀쌀한 성격과 의심병은 제게도 살짝 잠재되어 있기는 한데, 저 깊은 곳에 꾹꾹 눌러두고 기능을 퇴행시켜가는 중입니다. 그리고 아직은 엄마의 자궁보다 제가 튼튼해 감사하고 엄마의 센시티브한 뇌혈관보다 제가 조금 더 견고하고 무탈해서 다행입니다. 제 건강 지켜주세요. 마지막으로 부모님이 지어주신 이름을 더 아름답고 온전하게 살기 위해 12년 전 개명했습니다. 하늘나라에서 기도 올려주실 때 당신 딸의 이름을 김이령으로 기억해주세요.

유난히 보랏빛을 좋아하시던 내 엄마께 최진희의 '천상재회'를 계신 그곳에 올려 드립니다.

—두 분의 일곱 번째 딸, 김이령 배상

김이령의 더 셀렉션,
또 만나요! 우리

ALEXANDRIA
Yi ryeong Kim
2016 제4회 월드뷰티페스
賞狀